Heinz-D. Wilden

Hobby Holzschnitzen
Von der Astholzfigur zur Vollplastik

FALKEN VERLAG

◄ Tafel Seite 2 Brettsägefiguren bekommen einen plastischen Charakter,
wenn sie mit dem Schnitzmesser an den
Kanten modelliert und danach bunt ange-
malt werden.

Die Serie „Hobby Holzschnitzen" entstand für das Freizeitmagazin eff-eff des
Westdeutschen Fernsehens im Sommer
1979.

Stabsliste
Drehbuch: Heinz-D. Wilden
Redaktion: Lothar Mac Scheller/Dieter
Stobbe
Produktionsleitung: Eric Nacken
Aufnahmeleitung: Ingrid Fenner
Kamera: Tommy Mann
Kamera-Assistent: Holger Witt
Ton: Heinz Hesseler
Schnitt: Astrid Skornia
Regie-Assistent: Stefan Strotkötter
Regie: Heinz-D. Wilden

CIP-Kurztitelaufnahme der Deutschen
Bibliothek

Wilden, Heinz-D.:
Hobby Holzschnitzen: von d. Astholzfigur
zur Vollplastik/Heinz-D. Wilden. –
Niedernhausen/Ts.:
Falken-Verlag, 1980.
(Falken-Fernsehbuch)
ISBN 3-8068-5101-8

ISBN 3 8068 5101 8

© 1980 by Falken-Verlag GmbH,
Niedernhausen/Ts.
Fotos: Holger Witt, Köln
Gesamtherstellung: Stalling AG, Oldenburg

817 2635 4453 6271

Inhalt

Holz macht erfinderisch

Bastel- und Hobbybücher sind häufig Arbeitsanleitungen zur Herstellung eines bestimmten Gegenstandes, und es wird der Umgang mit den jeweiligen Werkzeugen an eben diesem Werkstück vorgegeben. Leider bleibt somit die erworbene Kenntnis vielfach auf die Entstehung eines Modells beschränkt.

Aber wirkliches Können und Virtuosität mit den Bearbeitungswerkzeugen erreicht man jedoch dadurch, daß schon die ersten Handwerksübungen eine in sich geschlossene Arbeit bilden und nicht nur die vorbereitenden Fingerübungen zum Schaffen eines späteren großen Kunstwerkes sind. Bedauerlicherweise ist das Holzschnitzen mit dem Vorurteil behaftet, eine Beschäftigung für ausgebildete Handwerker oder Bildhauer zu sein: Nur wer genug gestalterisches Können und ausreichende Materialkenntnisse mitbringt, kann aus einem Holzklotz eine Plastik, ein Spielzeug oder eine Tierfigur kreieren.

◄ 1 Für jeden Zweck und Nutzen hat der Wald das passende Holz zu bieten. Die Holznatur und die Verschiedenartigkeit seiner Strukturen regt den Menschen zu immer neuen Überlegungen der Verwendbarkeit an. Es gibt nichts, was aus Holz nicht schon hergestellt wurde: Möbel, Häuser, Geräte, Land- und Wasserfahrzeuge.

▶ **2** Die Natur selbst ist die genialste und talentierteste Gestalterin. Der Reichtum an Formen – aber auch Farben –, den Holz hervorbringt, wird von keinem anderen Material übertroffen.

Aber alle Holzschnitztechniken – ob Kerbschnitzen oder Maskenschnitzen, Puppenköpfe oder Reliefs – sind für jedermann erlernbar. Und jede Technik für sich kann bereits ein befriedigendes Hobby sein, in der man es zu einer Meisterschaft bringen kann.

So sind natürlich auch Äste und Zweige aus Holz und lassen sich mit dem Messer bearbeiten. Dadurch werden sie zum Gestaltungswerkstoff. Bei einem Waldspaziergang findet man Äste und Stöcke genug, aus denen sich hübsche Figuren arbeiten lassen. Schon das Betrachten der Zweige trainiert den Formensinn.

Holzschnitzen ist außerdem eines der billigsten Hobbys. Abgesehen davon, daß man Holzstücke im Wald findet – oder in einem Sägewerk oder der Hobbyhandlung kauft –, benötigt man nur wenig. Zum Astholzschnitzen kommt man sogar nur mit einer Feinsäge oder Laubsäge und mit einem Taschenmesser aus.

Und wer schließlich ein kleines Astholzfigürchen gestalten kann, wird auch bald aus einem Holzklotz Vollplastisches schnitzen können; und das ohne großen Mehraufwand an Werkzeugen.

Holz ist nicht weich wie Ton, mit dem sich fast in Sekundenschnelle eine Form hochziehen läßt. Es verleitet vor allem nicht zum ständigen und damit vielleicht unbefriedigenden Wiederholen ein und derselben Figur. Denn in jedem neuen Aststück oder Astholz steckt ein anderer Charakter, der beachtet werden muß. Das macht seinen Reiz aus.

Es reicht zunächst völlig aus, wenn man sich locker und zwanglos auf das Spiel mit Holz und Schnitzmesser einläßt. Denn im eigenen Gestalten steckt zu einem erheblichen Teil nicht nur Spaß, sondern auch Meditation und vor allem Entspannung.

Das Nachbilden von Gegenständen, zu denen der Schnitzer möglicherweise gar keine Beziehung hat, engt letztlich auch die Phantasie ein und gibt auch keine Auskunft über die vielfältigen Möglichkeiten dieses künstlerischen Hobbys.

Die zum Teil heute noch gut erhaltenen Geräte und Gegenstände aus der Vor- und Frühgeschichte der Menschen lassen erkennen, wie es unseren Vorfahren damals schon gelungen ist, aus Holz einfache und nützliche Dinge herzustellen. Als der Mensch begriffen hatte, daß Holz nicht nur brennt, lernte er schnell die Eigenschaften der verschiedenen Holzarten kennen und für seine Bedürfnisse zu nutzen (die Keule zum Beispiel mußte aus besonders hartem Holz sein). Wahrscheinlich sind die

ersten Holzgegenstände, die der Mensch in Gebrauch nahm, von der Natur selbst geschaffen worden. Er deutete nur die Formen und half dann nach, vermutlich mit einem Steinmesser aus Schiefer oder Granit, sie herauszuarbeiten. Außerdem war Holz sofort verfügbar, denn die Natur stellte es in großen Mengen sozusagen vor seinem Höhleneingang her. Sie lieferte das Rohmaterial, zu dem der Mensch die Bearbeitungsgeräte entwickelte.

Kein anderes Rohmaterial hat sich als so vielseitig verwendbar erwiesen und die Phantasie des Menschen zu immer neuen Ideen und Gestaltungen angeregt.

Wenn Sie sich aber jetzt mit dem Material Holz auseinandersetzen wollen und die Möglichkeiten, es mit dem Schnitzmesser zu bearbeiten, kennenlernen möchten, dann nicht deshalb, weil Sie Gegenstände des täglichen Bedarfs daraus herstellen müssen.

Es ist zunächst einmal gar nicht wichtig, was gemacht werden soll. Das Schwergewicht liegt auf der spielerischen Auseinandersetzung mit dem Material. Und schon beim Spielbeginn mit den Naturformen und Eigenschaften des Holzes soll nun die Frage im Vordergrund stehen, mit welchen Mitteln man praktisch auf das Material einwirken soll und wie es zu bewerkstelligen ist, daß es die Form annimmt, die man ihm mit den Werkzeugen geben will.

◄ 3 Bei einem Waldspaziergang findet man Äste und Stöcke genug, aus denen sich hübsche Figuren arbeiten lassen. Schon das Betrachten der Zweige trainiert den Formensinn.

Wissenswertes über den Werkstoff Holz

Wenn Sie einmal mit offenen Augen im Wald umherstreifen, nicht etwa beim Trimm-Trab, sondern mit Zeit für Entdeckungen, werden Sie viel von der Natur des Holzes begreifen lernen.

Man findet dort einen unbeschreiblichen Reichtum der verschiedensten Holzarten. Jede mit der ihr eigenen Struktur und Wachstumsordnung.

Es gibt kein anderes Material mit so ausgeprägtem Charakter und so farbiger Vielfalt. Die großen Bäume waren nicht von Anfang an da. Dazu sind sie zu komplex angelegt. Sie mußten sich selbst über Jahrmillionen schrittweise verbessern. Dabei trieben sie sich gegenseitig immer höher hinaus und entwickelten sich so unterschiedlich in Wuchs und Gestalt, daß sogar verwandte Arten sich erheblich voneinander unterscheiden.

Die Buche ähnelt der Weide, wirkt aber viel wuchtiger durch ihren hohen Stamm und die kräftigen Äste. Ebenso steht die Birke der Erle und der Pflaumen- dem Kirschbaum gegenüber.

Natürlich hängen auch die Maße der Zweige und Blätter voneinander ab und bestimmen dadurch wiederum die Gestalt des Baumes.

Betrachten Sie immer wieder aufmerksam die unterschiedlichen Systeme in der Belaubung, der Anlage der Zweige, der Verholzung, der Rindenbildung und den Hö-

▲ 1 Nadelhölzer haben im Gegensatz zu Laubhölzern keine Gefäße. Auch direkt am Wasser wachsend, steigt die Feuchtigkeit in ihnen nur sehr langsam.

henwuchs. Und was sich sonst noch so entwickelt, bevor aus einem schlanken Heister ein stattlicher Baum wird.

Das Kennenlernen der Baumarten vor Ort ist nicht zu unterschätzen, denn Sie müssen natürlich immer bei Ihrer Schnitzarbeit vorher bestimmen, was Ihr Holz aushalten beziehungsweise hergeben soll. Das wird oft genug nicht beachtet, und ein verhunztes Stück Holz ist dann meist alles, was nach den ersten Schnitzversuchen übrigbleibt.

Die Holzeigenschaft muß mit seiner Brauchbarkeit für das Schnitzvorhaben in Einklang gebracht werden. Mit Fingerspitzengefühl werden Sie bald heraushaben, wie sich das Holz unter Ihrem Werkzeug verhält. Versuchen Sie aber bei allen Bearbeitungsverfahren immer, die Schönheit des Holzes zu erhalten. Auch aus Gold wird nur durch behutsame Verarbeitung ein kostbarer Schmuck.

Für alle Schnitzarbeiten ist es unbedingt erforderlich, besonders die vielfältigen Wechsel in den Arten zu kennen. Es gibt harte und weiche, dichte und grobe, langfaserige und kurzfaserige Hölzer. Lärche, Birke, Kirsche und Walnuß sind mittelharte Hölzer, die gutes Schnitzholz für feine Modellierarbeiten abgeben. Fichte und Tanne haben lange Fasern. Das macht sie elastisch, biegsam und daher besonders tauglich für Spalt- und Spanholzarbeiten.

◄ **2** Hölzer, die kein Kernholz bilden, bleiben zu ihrer Mitte hin farblos, obwohl ihr Inneres ebenfalls verholzt und abstirbt.

Das Geheimnis vieler Schnitzer, die scheinbar mühelos wahre Kunstwerke aus Holz entstehen lassen, ist: Sie haben gelernt, die Struktur der jeweiligen Holzart mit ihrer Gestaltungsidee in Einklang zu bringen.

Was Sie schnitzen wollen, ist Ihre Sache. Aber zum Gelingen einer guten Schnitzarbeit benötigen Sie das ideengerechte Holz.

Haben Sie schon einmal gesehen, wie Farbe und Zeichnung des Holzes eine Schnitzerei veredeln? Wie die weichen Farbmuster im Holz aus einem schlichten Holzgefäß eine wertvolle Schale werden lassen, die jedermann mit Entzücken betrachten wird? Das ist das Holz, das auch Sie für Ihre Schnitzarbeit benötigen.

Bei der Schnitzholzbeschaffung sollten Sie Ihr Hauptaugenmerk auf das Material Kernholz richten, obwohl nicht alle Bäume Kernholz bilden können.

Das Mittelholz der reinen Splintholzbäume verändert seine Farbe zur Mitte hin kaum.

Es bleibt eher farblos, was natürlich nichts mit seiner Qualität als Schnitzholz zu tun hat.

Was es mit dem Kernholz für eine Bewandtnis hat, versteht man sofort, wenn man sich einmal einen Querschnitt durch den Stamm ansieht. In der Mitte ist das Mark, und rund um das Mark liegt ein Ring von sogenannten Leitbündeln. Das sind

Die Holznatur beeinflußt die Schnitzkultur

Reden Sie einmal mit Forstleuten oder mit den Bauern auf dem Land. Sie kennen sich aus in Qualität, Beschaffenheit und Nutzen von Hölzern. Einige Bauern stellen sogar heute noch, teilweise aus Tradition, ihren Hausrat selber her.

Schon rein äußerlich sind die Laub- von den Nadelbäumen problemlos zu unterscheiden. Aber auch in den Bausystemen unterscheiden sie sich erheblich.

So besitzt Nadelholz keine Gefäße und ist damit dichter als das Holz der mehr oder weniger porösen Laubbäume. Durch den Mangel an Gefäßen wachsen natürlich auch Koniferenhölzer, wie beispielsweise die Kiefer, wesentlich langsamer als Laubbäume, die durch ihr Gefäßsystem erheblich mehr Feuchtigkeit aufnehmen können.

▶ **3** Die dunklen Stellen im Stamm sind durch Einlagerungen von Nährstoffen entstanden, die das Holz für sein Wachstum braucht.

die Leitungsbahnen zu den Gewebeverbänden. Dieses Mittelholz bezeichnet der Fachmann als Herz. Um das Herz herum liegt dann das Kernholz. Es ist dunkler und härter als das weiter außen nachwachsende Splintholz. Das Kernholz ist stärker gefärbt, weil es verholzt und abgestorben ist. Die Verholzung beruht auf der Einlagerung von Lignin in das von Natur aus elastische Zellulosegerüst der Zellwände, aus dem Holz zu 40 bis 50 Prozent besteht.
Kernholz ist der bevorzugte Werkstoff des Schnitzers, weil es das ausgereifte Holz des Stammes ist, das nicht mehr quellen oder sich dehnen kann. Aus Kernholz lassen sich die dauerhaftesten Spielzeuge und Gebrauchsgegenstände herstellen. Und je älter ein Baum ist, desto umfangreicher ist sein Kernholz und desto dünner erscheint der Ring von lebendem Splint, das den Baum noch weitgehend mit Feuchtigkeit versorgt.
Das Splintholz einiger langfaseriger Hölzer, bei denen die Biegsamkeit ihr großer Vorteil ist, eignet sich vorzüglich zum Kistenbauen.
Den Dickenzuwachs des Holzes bezeichnet man als Jahresring. Diese aktive Zuwachszone bildet nach innen einen immer stärker werdenden Zylinder aus Holz, aus dem sich die vermehrenden Zweige und Blätter mit Wasser versorgen.
Die dunkler erscheinenden Ränder sind die Nährstoffleitungen, in denen das Holz

die Salze speichert, die es für sein Wachstum braucht.

Für Sie, der Sie sich das Holzschnitzen zum Hobby machen wollen, sollten die Jahresringe im Baumstamm deshalb eine wichtigere Bedeutung haben, als daran nur sein Alter zu bestimmen. Sie sind nämlich auch ein wesentliches Unterscheidungsmerkmal bei der Bestimmung der Güte des Schnitzholzes.

Weiche Hölzer, in denen die dunklen Jahresringe weit auseinanderliegen, schonen zwar die Handgelenke bei der Arbeit mit den Schnitzwerkzeugen, aber sie haben natürlich auch viel weniger echte Holzsubstanz in ihrem Aufbau.

Da sich in unserem gemäßigten Klima das

Wachstum im Frühjahr und im Vorsommer am stärksten vollzieht, bilden sich in dieser Zeit saftigere Zellen im Stamm als im trockenen Sommer oder Herbst. Dann enthält die Zuwachszone viel grobporiges weiches Holz. Je weniger feuchte Substanz dem Baum also überhaupt durch Wurzeln und Blattwerk zugeführt wird, desto härter und fester wird sein Holz und desto enger ist seine Maserung.

Die hellen und dunklen von der Stammmitte nach außen gehenden Ringe präsentieren das Wachstum und geben dem Holz seine Schönheit. Besonders Tastspielzeuge oder Skulpturen aus Kiefernholz, das auf feuchtem Grund gewachsen ist, reizen durch ihre breite Maserung.

Aus dem Rohstoff wird ein Werkstoff

Den durchgesägten Baumstamm haben Sie sich angesehen. Je nachdem, wie er gefällt ist, nennt der Holzfachmann den Schnitt Hirnschnitt oder auch Querschnitt. Ist der Stamm aber in seiner Längsrichtung durchtrennt, also durch die Markröhre von oben nach unten, ist das ein Radialoder Sehnenschnitt. Dann sind die Jahresringe nebeneinander zu sehen als eine Art Streifenmuster. Und quer dazu erkennt man beim genauen Hinsehen die Markstrahlen. Durch dieses Kanalsystem leitet der Baum die organischen Stoffe von der Rinde vertikal in das Innere des Baumes. Ein anderes Mittel zur Festigung und Versteifung des Holzes sind die Fasern. Fasern sind stark verlängerte, nadelförmige Zellen mit dicker Wand, die ohne Luftzwischenräume dicht aneinanderschließen und lange Stränge bilden.

Im Verlauf Ihrer Schnitzarbeit werden Sie sehr oft mit dem Problem konfrontiert werden, den richtigen Faserverlauf des Holzes zu finden, damit Sie nicht entgegengesetzt oder quer zur Faser schneiden. Denn sonst bricht das Holz oder es franst aus.

◄ **4** Wenn ein Baum gefällt ist und seine Rinde abgeschält wird, zerfällt er langsam. Für das Leben auch des nicht gefällten Baumes ist entscheidend, wie lange seine Rindenzellen Verbindung mit den lebenden Holzzellen haben.

► **5** Nach dem Fällen und Schälen des Baumes verändert sich seine Struktur sehr schnell. Die dünne Schicht des äußeren, weichen Holzes trocknet aus und reißt sein Gefüge auseinander. Die Risse entstehen nur in Richtung der Fasern und sprengen den Stamm langsam zur Mitte hin auf.

Die Wuchsrichtung der Fasern weist immer in Richtung des Höhenwachstums eines Baumes. Das führt durch den Stamm über die Äste in die Zweige, bis hin zu den Blättern.

Alle Pflanzenfasern, die für Bindfäden, Stricke, Seile und Textilien verwendet werden, sind im Grunde nichts anderes als Bündel von Pflanzenzellen, die einfach dadurch gewonnen werden, daß man das übrige weiche Gewebe verrotten läßt.

So wie alle übrigen Zellen im Holz können natürlich auch Fasern verholzen. Sie sind dann härter, weniger biegsam und sehr spröde. Verholzung macht übrigens den Pflaumenstein, die Schalen der Haselnuß oder der Kokosnuß, die zu den dichtesten Pflanzenmaterialien gehört, so hart.

In den Fasern ist sozusagen die Formel der Art des Holzes enthalten. Und durch ständig neue Teilung der Fasern wächst der Baum zu seiner bestimmten Art aus.

Jedem Zellengefüge im Holz sind andere Aufgaben zugedacht. Und dieser für jede Holzart einzigartige Zellaufbau ist der Grund dafür, daß Ihnen der Werkstoff Holz manchmal mehr oder auch weniger Widerstand bei der Bearbeitung mit den Schnitzwerkzeugen entgegensetzt.

Natürlich richtet sich die Schnitzqualität eines Holzes auch nach dem Grad seiner Trockenheit. So kann Esche- oder Eichenholz so trocken werden, daß es hart wie Stein wird. Und dagegen ist dann jedes Schnitzmesser machtlos.

Weiches Lindenholz, es ist übrigens sehr kurzfaserig, ist nicht das schönste Holz zum Schnitzen, was die Struktur angeht. Aber es ist das geeignete Anfängermaterial. An ihm lassen sich eine ganze Menge Techniken trainieren, aber auch endgültig gestalten.

◀ **6** Im Blockstapel erkennt man den Baumstamm wieder. So gelagert, trocknet und lüftet das Holz gut durch. Auch bei kleineren Stapeln müssen die Leisten immer exakt die gleiche Stärke haben und ebenso in immer dem gleichen Abstand zwischengelegt werden, denn durch falsche Lagerung kann sich das noch lebende Material verziehen und verwinden.

zur Rindenseite hin, wo sich das weiche Splintholz befindet, nimmt er an Stärke erheblich ab. Das hat außerdem noch den Nachteil, daß sich die Bretter zu wölben beginnen. Die härteren Herz- und Mittelbretter werfen und verziehen sich beim Trocknen allerdings nicht so stark, weil ihr Feuchtigkeitsanteil erheblich geringer ist. Die Richtung, in der ein Brett sich wölbt, also hohl wird, bezeichnet man als die linke Seite. Die hochgebogene Seite eines Brettes ist die rechte. Das Herzbrett wölbt sich nicht nach einer bestimmten Seite, sondern wird zu seinen Enden hin dünner. Das liegt daran, daß sein Splintholzanteil durch das Austrocknen an Masse verliert. Der Fachmann spricht dann vom Schwund.

Nun ist aber anzunehmen, daß Sie nicht meterlange Bretter oder ganze Stämme kaufen wollen. Deshalb ist es wichtig, daß Sie auch aus kleinen Holzstücken herauslesen lernen, ob sie das für Ihr Schnitzvorhaben geeignete Material sind. Das ist leichter, als es den Anschein hat.

▶ Tafel Massive Holzplastiken zum Anfassen und Betasten sind heute leider selten gewordene erste Greifspielzeuge für die Kleinsten.

Holz als Handelsware

Jegliches Holz, das in der Bastlerzentrale oder in der Holzhandlung angeboten wird, bezeichnet man ohne Unterschiede der Qualität und der Art als Schnittholz. Und weil Sie ja qualitativ gutes Holz brauchen, sollten Sie sich beim Händler selber umsehen. Dadurch haben Sie die Gewißheit, daß Ihnen nicht irgendein unbrauchbarer Schund angedreht wird.

Schnittholz wird gesäumt oder ungesäumt zum Kauf angeboten, das heißt, man bekommt die Bretter mit oder ohne Rindenkante. Häufig werden gesäumte Bretter jedoch nur von billigen Nadelhölzern geschnitten, denn durch das Säumen entsteht ein Holzverlust, weil die Schwartenbretter wegfallen. Die Schwartenbretter sind das jeweilige obere und untere Brett des Stammes, die beim Zersägen übrigbleiben und für den Holzhändler nur noch den Wert von Brennholz haben.

Der aufgesägte Stamm wird unterteilt in Mittel- und Seitenbretter. Das mittelste Brett, durch das die Markröhre läuft, ist das sogenannte Herzbrett. Dann folgen die Mittelbretter und noch weiter nach außen hin die Seitenbretter.

Sobald ein Baum abgesägt und zerteilt ist, beginnt sein Holz zu trocknen. Besonders

▶ **7** An der Hirnseite des Holzes erkennt man, wo es im Stamm gelegen hat. Kommt es aus der Mitte, „stehen" die Jahresringe senkrecht. In diesem Schnittholzstapel befinden sich Bretter aus allen Bereichen des Stammes.

Es ist klar, daß beim Zerteilen des Stammes in Bretter die Jahresringe ständig in anderen Ebenen angeschnitten werden. Die Zeichnung, die sich dadurch auf den Brettern ergibt, zeigt Ihnen deutlich, wo das Holz im Stamm gelegen hat, ob in der Mitte oder weiter außen. Vergleichen Sie das vordere Endes des Brettes – die Hirnkante – mit den äußeren Seiten des Brettes, das sind die Schnittflächen. Mittelbretter haben stehende Jahresringe. Die Maserung bildet dann einen fast senkrechten Winkel zur Schnittfläche. Aber je weiter ein Brett von der äußeren Seite des Stammes geschnitten ist, um so bewegter ist die Maserung. Die Jahresringe stehen dann nicht mehr, sie liegen und werden, verglichen mit dem vorderen Ende, immer flacher. Die sehr bewegt und unruhig gemaserte Oberfläche der Seitenbretter wird als Fladerung bezeichnet.

Leider ist das edelste und schönste Holz mit starken Farben und harten Kern-Splint-Kontrasten in Holzhandlungen kaum zu bekommen. Deswegen sollten

◀ Tafel Es muß nicht immer der Spazierstock sein, den man im Wald beschnitzt! Aus Ästen und allerlei Gestrüpp wird mit Taschenmesser und Phantasie eine Miniaturlandschaft mit witzigen Figürchen.

Sie jede Quelle, die in dieser Richtung sprudelt, anzapfen. Ein möglicher Weg, wie Sie zu Ihrem Hobbywerkstoff kommen können, ist, aufs Land zu fahren und Äste sowie Stammstücke geputzter oder ausgejäteter Obstbäume zu sammeln. Bestimmt werden Sie so manches erlesene Stück vor dem Vermodern oder Verbrennen bewahren können.

Schönes Schnitzholz liefert der Pflaumenbaum. Der Splint ist gelb bis rötlich und umschließt einen rötlich-violett geflammten Kern. Das Gefüge ist fein und dicht, aber ziemlich hart.

Auch Kirsche, Birne und Apfel sind wertvolle Schnitzhölzer mit reizvollen eleganten Maserungen und Farbkontrasten in Splint und Kernholz.

Nach einiger Übung – auch mit den Schnitzwerkzeugen – wird es Ihnen bald gelingen, brauchbares Schnitzholz zu erkennen und auch regelgerecht zu bearbeiten.

Die Lagerung von Schnittholz

Holz darf nicht einfach rumliegen. Wenn Sie einen Bastelraum haben, in den Sie sich mit Ihrem Holz und den Schnitzwerkzeugen zurückziehen können, werden Sie vermutlich dort Ihr Schnittholz aufbewahren wollen. Das bedeutet, Sie müssen einen Lagerplatz für Ihr Material schaffen. Nicht ausgetrocknetes Schnittholz kann sehr empfindlich auf unbeständige Temperaturen reagieren, aber auch auf falsches Liegen. Wenn Sie sich auch vermutlich keine mittlere Holzhandlung zulegen wollen, werden Sie doch sicher einige Vorräte horten. Vielleicht, weil Sie billig dran kommen können. Sie sollten folgendes ernsthaft beachten, damit Sie mit Ihrem Material keine bösen Überraschungen erleben: Frisches Holz enthält in der Regel noch viel Wasser – so um die 50 Prozent. Holzhändler dämpfen die Holzsäfte in regulierbaren Trockenkammern heraus, denn richtig lufttrocken werden zum Beispiel Harthölzer erst zwei bis vier Jahre nach dem Aufschneiden.

Legen Sie aber Ihr Holz nicht einfach auf den Fußboden. Sehen Sie sich im Holzlager die unterschiedlichen Stapelformen an. Beim Blockstapel beispielsweise werden die Bretter oder Bohlen so übereinandergelegt, daß die Stammform wiedererkennbar ist. Dadurch lüftet das Holz gut durch. Zwischen die Bretter legen Sie, wie der Fachmann, kleine Leisten von gleicher Länge und Stärke und auch in immer gleichem Abstand nebeneinander. Sollte das Holz Ihres Stapels nach einiger Zeit grau werden, oder es zeigt sich irgendwo Schimmel, dann stimmt etwas nicht mit der Lüftung des Holzlagerplatzes. Holz muß atmen, und zwar frische Luft. Halten Sie daher Ihren Lagerraum stets absolut trocken mit immer gleichbleibender Temperatur. Wenn Sie Ihr Holz im Heizungskeller aufbewahren müssen, dann legen Sie es nicht gleich neben den Heizkessel, denn das Holz trocknet krumm, wirft sich und wird nie mehr gerade. Kleinere Holzvorräte, Kloben und Aststücke lassen sich gut in Kisten aufbewahren. Füllen Sie die Behälter vorher mit Sägemehl oder Sägespänen auf. Das frische Holz gibt seine Feuchtigkeit an Späne und Mehl ab, gleichzeitig zirkuliert ständig Frischluft durch die Lagerstatt.

Das Verleimen von Hölzern

Wenn Sie Holz für größere Schnitzereien benötigen, wird es sicher schon mal vorkommen, daß Sie Stücke zusammenleimen müssen. Das bleibt dann oft die einzige Möglichkeit, Holz in der passenden Größe vorzubereiten. Das Verleimen ist fast unsichtbar und ergibt eine wesentlich natürlichere Verbindung als Nageln oder gar Schrauben. Zwar ist das aus einem Stück Geschnitzte das Ideal jedes Schnitzers, weil Maserung, Farbe und Zellgefüge ein einheitliches Ganzes bilden. Aber das

läßt sich durch Verleimen fast genauso erreichen. Sie müssen nur darauf achten, daß Farbe und Maserung zusammenpassen und daß es sich um ordentlich gelagertes und trockenes Holz handelt. Verleimtes Holz kann nur fest zusammenhalten, wenn es faserrichtig und fugendicht aufeinanderliegt. Halten Sie zur Prüfung der zu verleimenden Bretter die Kanten aneinander und gegen Licht. Ist die Fuge undicht, kommt Licht hindurch. Dann müssen die Kanten nachgehobelt werden. Im übrigen ist eine stumpf verleimte Fuge vor dem Auseinanderplatzen nie ganz sicher. Diese Gefahr kann dadurch umgangen werden, daß man mit einem Zahnhobel die zu verleimenden Flächen aufrauht. Die aufgerauhten Flächen greifen dann wie Zähne ineinander.

Sie erinnern sich sicher noch an die Eigenschaften von Schnittholz, wenn es trocknet. Zum Splintholz hin wird es hohl. Die weiche, feuchtigkeitshaltigere linke Seite des Brettes bekommt Schwund: sie zieht sich zusammen. Diese Eigenschaften müssen Sie beim Vorbereiten zum Verleimen natürlich berücksichtigen. Fügen Sie also keine Seitenbretter rechts auf rechts aneinander, sie reißen die Verleimung wieder auf. Leimen Sie links auf rechts. Dadurch erreichen Sie, daß sich die Bretter aneinanderdrücken, und zwar mit der gleichen Kraft, in der sie in der entgegengesetzten Richtung auseinan-

derstreben würden. Die linken Seiten der Bretter arbeiten mit den rechten in die gleiche Richtung. Benötigen Sie drei Lagen für den Umfang der Schnitzerei, so dürfen Sie auch Seiten- beziehungsweise Mittelbretter rechts auf rechts aneinanderleimen, denn die Kraft des Holzes ist durch die vorherige Links-auf-Linksverbindung nicht mehr so stark. Andernfalls sägen Sie die rechte Seite an verschiedenen Stellen an. Stumpf verleimte Fugen sind, wie bereits gesagt, ohne Absicherung und können eher wieder aufreißen als die mit dem Zahnhobel bearbeiteten. Eine wirklich zuverlässige Sicherung ist das Dübeln. Dübelhölzchen bekommt man dort, wo mit Bastelhölzern gehandelt wird:

◀ **8** Jedes Holzstück hat eine Kern- und eine Splintseite. Bei mehreren zu verleimenden Stücken leimt man Kern gegen Kern und Splint gegen Splint. Tragen Sie den Leim dünn wie einen Film auf und beachten Sie die Gebrauchsanleitungen auf den Leimdosen.

▲ **9** Alle Leime binden sehr schnell. Pressen Sie die Holzstücke mit Schraubzwingen gleichmäßig fest zusammen, damit keine Hohlräume entstehen und überflüssiger Leim aus den Fugen quellen kann.

im Hobbyladen. Sie können sie in allen Größen und Stärken, fertig verpackt und mit Gebrauchsanleitung beziehungsweise Verarbeitungsanleitung, kaufen. Die Löcher für die Dübel bohren Sie mit dem Handbohrer an Stellen, wo Sie später mit Ihrer Schnitzerei nicht in Konflikt kommen können. Damit die zu verdübelnden Holzteile auch wirklich zusammenpassen, schlagen Sie dort, wo die Dübel ins Holz eingesetzt werden sollen, kleine Nägel

durchmesser entsprechen soll, die Löcher bohren. Die Bohrlöcher füllen Sie mit Leim, schlagen die Dübel ein, und es steht einer dauerhaften Holzverbindung nichts mehr im Wege.

Vor dem Verleimen müssen die Holzflächen mit einem Härtemittel vorbereitet werden, das der Leimpackung meist beigegeben ist. Sie können aber auch Warmleim verwenden. Dazu benötigen Sie einen Leimtopf mit doppeltem Boden, denn der Leim wird im Wasserbad erhitzt. Beachten Sie genau die Gebrauchshinweise, die jedem Patentleimtopf beigegeben sind. Bevor Sie die zu verleimenden Flächen mit dem warmen Leim bestreichen, wärmen Sie auch die Hölzer auf der Ofenplatte oder der Heizung an. Das verhindert, daß der Leim vor dem Eindringen in die Holzporen erstarrt. Er bleibt dünnflüssig und heiß, auch noch nach dem Auftrag. Warmleim braucht zum festen Trocknen ungefähr 24 Stunden. Danach bindet er aber fester als gewachsenes Holz. Welche Leime Sie auch zum Zusammenfügen Ihrer Hölzer verwenden, Sie müssen sie nach dem paßgerechten Aufeinanderlegen mit Schraubzwingen aneinanderpressen. Damit an der Oberfläche keine Druckstellen im Holz entstehen, legen Sie zwischen Zwinge und Holz ein dünnes Brettchen, das Sie mit festzwingen. Überflüssigen Leim, der aus der Fuge quillt, waschen Sie sofort mit einem Schwamm weg. Nach dem Trocknen läßt er sich nur schwer beziehungsweise umständlich, aber nie restlos entfernen.

▲ **10** Nach dem Trocknen schält man die herausgequollenen harten Leimrückstände mit einem Schaber weg. Dieses Verfahren empfiehlt sich jedoch nur, wenn die Oberfläche der verleimten Stücke nachgehobelt wird. Ansonsten soll der Leim sofort nach dem Hervorquellen abgewaschen werden.

ein, kneifen mit einer Zange die Nagelköpfe ab und drücken die Hölzer gegeneinander. Dadurch erhalten Sie den Bohrmittelpunkt auch in dem anderen Holzstück. Dann nehmen Sie die Hölzer wieder auseinander und ziehen den Nagel heraus. Jetzt können Sie mit einem Spiralbohrer, dessen Durchmesser auch dem Dübel-

Handwerkszeuge des Holzschnitzers

Wie bei jedem Handwerk, so kann auch beim Schnitzen eine wirklich zufriedon stellende Arbeit selbstverständlich nur mit den besten Werkzeugen sauber ausgeführt werden. Bastel- und Hobbyläden bieten ein großes Sortiment Werkzeuge mit laufend praktischen Neuerungen an.

Aber auf dieses Angebot brauchen Sie zunächst nicht zu reflektieren, denn an den Grundprinzipien der jahrhundertealten Tradition von Schnitzwerkzeugen hat sich nicht viel geändert. Kaufen Sie nach und nach die Werkzeuge, die für die geplante bevorstehende Arbeit erforderlich sind. So kommt mit der Zeit ein praktisches Sortiment Werkzeuge zusammen.

◄ **1** Das gerade Hohleisen ist das wohl am häufigsten gebrauchte Schnitzwerkzeug. Je breiter (und flacher) seine Schneide ist, desto weicher sind die Schnittspuren auf der Holzoberfläche; um so mehr Kraft erfordert aber auch ein sauberes Späneabheben. Das gerade Hohleisen eignet sich zum groben Anlegen und Skizzieren, zum Aushöhlen, Bohren und feinen Modellieren.

Die wichtigsten Schnitzwerkzeuge

Schnitzmesser

Das erste Werkzeug des Schnitzers ist ein Schnitzmesser. Dies ist ein Universalwerkzeug. Es muß einen festsitzenden Griff haben und aus gutem Stahl sein. Das Schnitzmesser wird zum Trennen, Schneiden, Spalten und natürlich zum Schnitzen gebraucht. Mit ihm lassen sich ohne weiteres sogar kleine Figuren und Kerbschnittverzierungen machen. Für Arbeiten im Freien können Sie sich natürlich auch mit einem stabilen Taschenmesser behelfen.

Stechbeitel

Als nächstes benötigen Sie einen Stechbeitel. Das ist ein Schnitzeisen, mit dem sich Vertiefungen verschiedenster Art ausstemmen lassen, hauptsächlich jedoch aus ebenen Flächen. Der Beitel, oder auch Stemmeisen, muß in der Regel erst einmal – so wie fast alle Schnitzwerkzeuge – geschliffen werden, bevor Sie ihn in Gebrauch nehmen können.

Hohleisen

Im Gegensatz zum Stemmeisen sind die Hohleisen die einzig geeigneten Werkzeuge zum Ausstechen aller möglichen Hohlformen.

Die feinen Eisen für das Freihandschnitzen sollen ein kantiges Heft haben.

Eisen mit breiten Schneiden erfordern zwar mehr Kraft, hinterlassen aber in der Holzoberfläche auch einen sauberen und charakteristischeren Schnitt.

Für Hohleisen gilt – wie für alle anderen

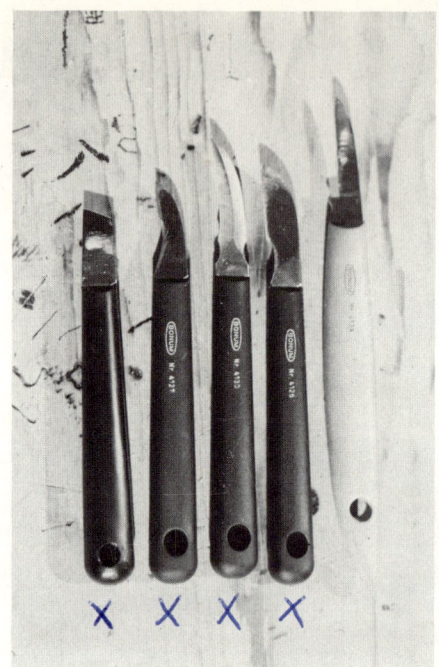

Eisen auch –, daß sie weder zu steil noch zu flach geführt werden dürfen. Die Eisen verkeilen sich leicht im Holz, wenn sie zu steil gehalten werden. Daraus läßt sich ein Grundsatz ableiten, den sie für alle Arbeiten beachten sollten: Arbeiten Sie langsam, und nehmen Sie immer nur wenig Holz weg.

Mit jedem Eisen lassen sich eine Menge Schnitt-, Einstich- und Schnitztechniken ausführen. Dadurch überdecken sich jedoch die Anwendungsmöglichkeiten sehr oft. Trotzdem gibt es für jedes Eisen ein ganz spezielles Einsatzgebiet.

▲ 2 Die Abbildung zeigt ein Sortiment Schnitzwerkzeuge, die sich von den Eisen dadurch unterscheiden, daß mit ihnen geschnitten wird, sich also keine typischen Einstichformen im Holz anbringen lassen. Das untere Eisen ist ein schräges Balleisen.

▶ 3 Der Einsatz der maschinell betriebenen Stecheisen hat für das Schnitzen dort einen Vorteil, wo breit und ohne Rücksicht auf künstlerischen oder gestalterischen Geschmack abgestochen werden kann.

Mit dem geraden Hohleisen kann man nicht etwa nur schneiden. Dem Hohleisen fällt die beim Schnitzen sehr wichtige Aufgabe zu, zu modellieren und wegzunehmen.

Auch für das grobe Vorarbeiten eines Gesichtes, Maske oder Figurenkopf ist das gerade Hohleisen zum Skizzieren in Holz das geeignete Werkzeug.

Es ist viel universeller als die anderen Eisen, denen meist Spezialaufgaben zukommen.

Mit etwas Training der Hände und der Handgelenke, die Eisen und Holz führen, ist es auch ein ausgezeichneter Holzbohrer. Und Aushöhlarbeiten kommen beim Holzschnitzen ständig vor.

Sie können mit dem geraden Hohleisen grob wegnehmen und Anbohren, aber auch saubere Einstiche und Schnitte machen, egal ob Sie flache Mulden für Schalen oder rückseitige Aushöhlungen für Masken oder größere Plastiken vorbereiten.

Das gekröpfte Hohleisen leistet da vorzügliche Schnitzhilfe, wo in Schalen oder Behältern sauberes Spanabnehmen mit anderen Eisen nicht mehr möglich ist.

Zum Beispiel bei den Feinarbeiten auf dem Boden oder an den Wänden oder an den Kanten bei hauchdünnen Gründelarbeiten.

Aber wie bereits gesagt, überschneiden sich die Anwendungsbereiche der Eisen sehr oft. Mancher Schnitzprofi hat nicht mehr als drei oder vier Messer ständig für alle Schnitzarbeiten in Gebrauch, auch wenn er x-verschiedene in seiner Werkstatt hat. Das bedeutet, daß Sie zum Beispiel das gekröpfte Hohleisen auch für flache Arbeiten nehmen können, die Sie sonst mit dem geraden Hohleisen ge-

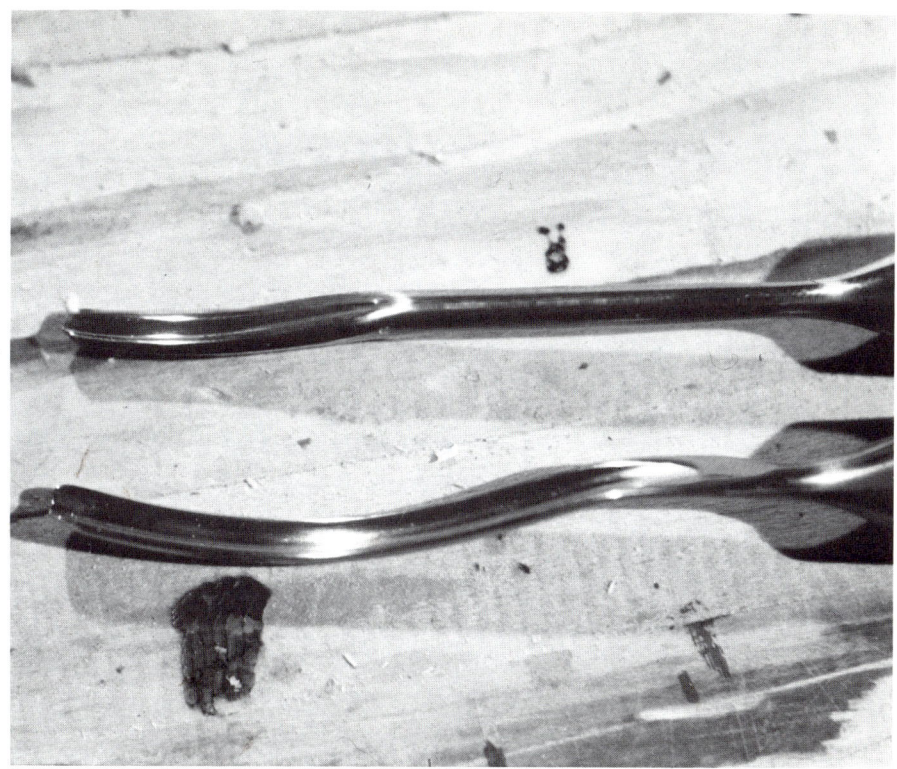

schnitten hätten. Bei Modellierarbeiten kommt es ohnehin auf zügig herausgearbeitete Schnittkanten und Schnittflächen an.

Alle Hohleisenschnitte bringen ein rundes und insgesamt weiches Gesamtbild in die Oberflächenstruktur einer Skulptur. Sämtliche Arbeiten von Faltenschnitzereien, Frisuren und für das Schnitzen typische Oberflächen sind sowieso reine Hohleisenspezialitäten.

▲ 4 Die gekröpften Hohleisen unterscheiden sich im Schnittcharakter nicht von den geraden. Sie werden da eingesetzt, wo tiefe Aushöhlungen im Werkstück vorkommen und die geraden Eisen keinen Span mehr abheben. Das kann bei Hohlformen ebenso sein wie bei Hinterschnitten in Reliefs oder Plastiken. Die Abbildung zeigt einen gekröpften Gaißfuß (oben) und ein gekröpftes Hohleisen (unten).

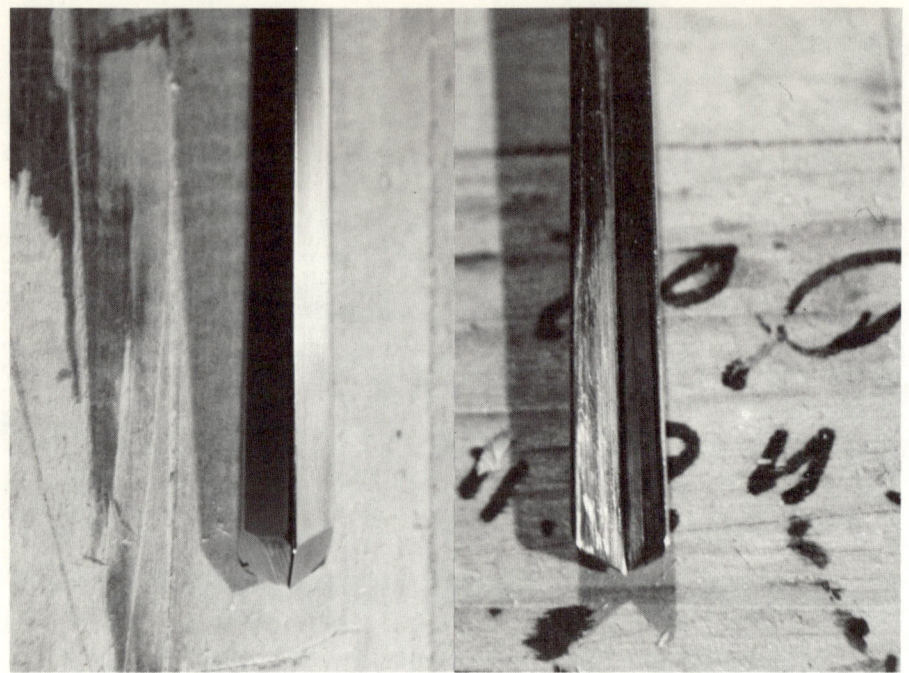

sen sich sehr strenge charaktervolle Kerben schneiden; harte Übergänge, eckige Falten, markante Einschnitte in Kerbschnittmanier sind eine Domäne dieses Schnitzeisens.

Besonders kleinformatige Schnitzereien lassen sich effektvoll mit dem Gaißfuß beleben.

Gaißfußschnitte sollten Sie für den Anfang ebenfalls auf kleinen Brettchen verschieden harter Holzarten trainieren.

Im weitesten Sinne haben diese Übungen bereits mit der Kerbschnitz- oder Ornamentalschnitztechnik zu tun.

Verfahren Sie bei den Übungen auf den Brettchen mit dem Gaißfuß wie mit dem Hohleisen: kurze Kerben, lange, nicht zu steil angesetzte Schnitte und Faltenkombinationen. Durch senkrechtes Aufsetzen des Werkzeugs auf ein Brett im rechten Winkel erreichen Sie schon kleine Ornamente. Fortlaufend nebeneinander über das ganze Brett gestochen, entsteht dann ein Zickzackmuster. Das Einstechen einfacher geometrischer Figuren ist nicht nur eine reizvolle Spielerei, Sie schulen den Blick dadurch auf Gleichmäßigkeit und ornamentalen Schmuck.

An dem Spiel mit den charakteristischen Einstichformen der Schneiden können übrigens alle Schnitzeisen beteiligt sein.

Balleisen

Auch ein gerades Balleisen sollte in Ihrem Sortiment nicht fehlen. Besonders Kerbschnitte, die gerade verlaufen, können mit diesem Eisen gemacht werden. Für den Anfang genügt die Schneidengröße 14.

Für andere Einstichformen beziehungsweise Schnitte, die nicht steil auf dem Werkstück ausgeführt werden, benutzt man das schräge Balleisen. Es wird in der

▲ 5 Der Gaißfuß hebt rechtwinklige Kerben aus. Bei der Gestaltung einer Holzoberfläche hat er nur eine beschränkte Anzahl von Aufgaben. Seine Einschnitte sind hart. Er darf beim Modellieren nur dort eingesetzt werden, wo spitze, entschlossene Schnitte das Gesamtbild nicht zerstören. Der Gaißfuß ist ein ausgezeichnetes Kerbwerkzeug für geradlinige Flachschnitzereien.

Üben Sie auf einem flachen, einfachen Brettchen, gerade und geschwungene Kerben zu schneiden. Dabei lassen Sie Kerben ineinander, parallel und überkreuz laufen. Sie werden sehr schnell merken, wie vielseitig reizvoll das Hohleisen eine Holzoberfläche verändert.

Gaißfuß

Der Gaißfuß zeigt ein völlig anderes Schnittbild als die Hohleisen. Mit ihm lassen sich

Hauptsache nach dem Ansetzen gezogen, und zwar zum Körper hin, das heißt, Sie stechen zum Ansetzen in das Holz und schneiden dann wie mit dem Schnitzmesser weiter. Auch bei diesem Eisen gilt, daß es nicht immer einseitig eingesetzt werden soll mit immer den gleichbleibenden Handhabungen. Ein Verkanten, Umkehren oder drehendes Schneiden oder Einstechen ergibt weitere neue Einstichformen.

Zunächst steht also das Versuchen mit den Eisen auf dem Programm. Sie werden daraus schnell einen eigenen persönlichen Stil im Umgang mit den Messern entwickeln, so wie aus einzelnen Buchstaben jeder seine eigene Handschrift entwickelt.

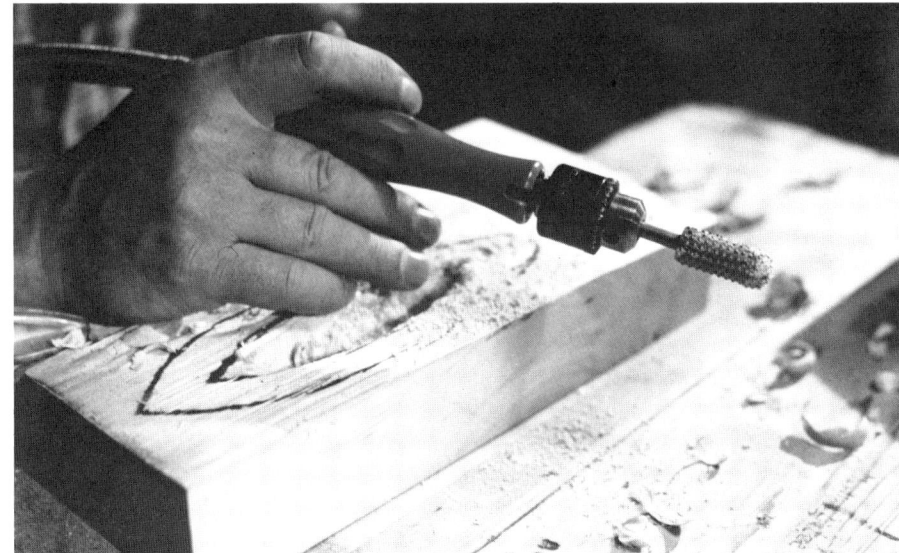

▲ **6** Im Handel gibt es Stecheisen, die an die Bohrmaschine angeschlossen werden. Sie erleichtern das grobe Vorarbeiten. Über eine Welle, die in das Bohrfutter der Maschine eingespannt wird, treibt sie die Eisen schlagend (die Bohrmaschine muß natürlich auf ein Schlagwerk einstellbar sein) in das Holz. Das Set umfaßt alle bekannten Einstichformen.

◄ **7** Bei besonders harten Hölzern leistet die Fräse sicher gute Dienste. Sie kann auch mit einer einfachen Bohrmaschine angetrieben werden.

Die Hilfswerkzeuge des Schnitzers

▲ **8** Der Schnitt der Laubsäge erfolgt im wahrsten Sinne „zügig". Die Zähne des Blatts stehen in Richtung Griff. Die Schneiderichtung bei Rundformen wird mit dem Werkstück geändert, nicht mit der Säge.

Sägen
Die Säge ist für den Schnitzer natürlich nur ein Hilfswerkzeug. Deswegen lediglich einige Hinweise, die Sie aber beachten sollten, denn sicherlich werden Sie hin und wieder den Fuchsschwanz, die Stichsäge, die Laub- und Feinsäge gebrauchen.
Der Fuchsschwanz ist eine Standardsäge. Wenn Sie sich für dieses Hobby einen Fuchsschwanz neu anschaffen, dann wählen Sie einen ohne Rücken mit freistehendem Blatt. Und beachten Sie, daß die Zähne nur leicht auf Stoß stehen sollen. Bei Stoß sind die Zähne der Säge nach vorn gestellt, so daß sie beim Schub in die Holzfaser greifen. Stehen die Zähne leicht auf Stoß, frißt sich die Säge nicht im Holz fest und knickt auch nicht so schnell ab.
Die Stichsäge eignet sich besonders zum Aussägen großer und kleiner Löcher in Brettern. Sie hat ein starkes, aber schmales und spitz zulaufendes Blatt.
Die Feinsäge ist eine sogenannte Rückensäge mit einem rechteckigen Blatt. Ihre Zähne stehen schwach auf Stoß. Mit ihr lassen sich sehr sauber in der Schneidelade Gehrungen und Verzapfungen arbeiten. Das kommt bei Ihrer Arbeit allerdings nicht vor, außer Sie müssen Bretter oder breitere Leisten aneinanderfügen.

Häufiger werden Sie sicher zur Laubsäge greifen. Mit den käuflichen Blättern dieser Säge können Sie ohne weiteres Hölzer bis zu 2 cm Dicke trennen. Sie hat den Vorteil, daß sie außerordentlich feine Schnitte liefert und jede noch so enge Rundung meistert. Richtig eingespannt zeigen die Zähne des Sägeblattes zum Handgriff hin. Ziehen Sie die Flügelmuttern beim Einspannen der Blätter nie mit der Zange an, immer mit der Hand. Das schont die Spanngewinde. Der Umgang mit dieser Säge wird Ihnen sicher nicht unbekannt sein; trotzdem einige Worte zur Laubsägearbeit: Halten Sie den Sägebogen beim Schneiden parallel zum Unterarm. Das ist wichtig, wenn Sie bedenken, daß Sie mit dem

Laubsägebügel zwar leicht die Schneidrichtung ändern können, das Sägeblatt aber fest im Holz sitzt und die Richtung nicht mit ändert, es zerreißt. Arbeiten Sie wie die Bandsäge: gleichmäßig von oben nach unten und immer nach vorn. Wenn Sie eine Rundung sägen, machen Sie sie nicht mit der Säge, sondern führen Sie das Werkstück gefühlvoll unter der Säge durch in die Richtung, die das Sägeblatt nehmen soll. Für das Heraussägen einer Form aus dem Brett wird das Sägeblatt gelöst und durch ein vorher gebohrtes Loch gesteckt.

Raspeln und Feilen
Raspeln und Feilen sind Schabewerkzeuge. Die sogenannten Hiebe der Werkzeuge sind die Rillen und Zähne. Je dichter die Hiebe beieinanderliegen, desto feiner

arbeiten sie natürlich. Die gröbsten Werkzeuge haben gehauene Zähne. Das sind die Raspeln. Man unterscheidet Bastard-Feilen und Bastard-Raspeln mit grobem, feinem und mittelgrobem Hieb. Dazu kommen noch Unterschiede in der Form: rund, halbrund, flach, dreikant, flachhalbrund. Die flachhalbrunde Raspel und Feile bezeichnet man als Kabinettform. Sie kommt für Ihre Arbeiten am ehesten in Frage, und zwar in einer Länge von etwa 25 cm mit grobem Hieb. Holzreste, die sich in den Rillen festgesetzt haben, beseitigen Sie nach der Arbeit mit einer Feilenbürste. Besonders hartnäckige Rückstände lösen sich, indem Feile oder Raspel vor dem Bürsten in heißes Wasser getaucht werden. Die Feinarbeiten erledigt der Schnitzer schneller und sauberer mit Schleifpa-

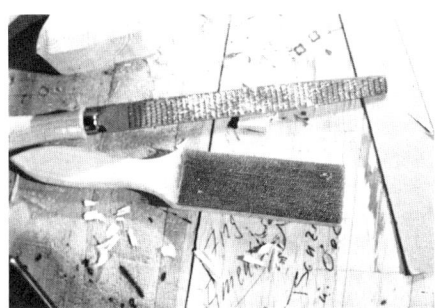

▼ 9 Zum Reinigen der verschmutzten Raspel (und auch Feile) wird eine Bürste mit Drahtborsten benutzt.

▶ 10 Die Bürste darf nicht von oben nach unten – also gegen die Hiebe bewegt werden. Sie werden sonst schnell stumpf. Der Schmutz wird seitlich herausgebürstet.

▲ 11 Messer werden auf dem Schleifstein mit kleinen, kreisenden Bewegungen
geschärft.

pier. Es ist zweckmäßig, wenn Sie sich
verschiedene Sorten Sandpapier besorgen. Mit Sandpapier läßt sich leicht eine
Feinfeile herstellen. Drehen Sie das Papier
um eine Leiste und befestigen Sie es dann
mit Heftzwecken. Oder legen Sie das Papier einfach flach auf den Tisch und glätten
Sie darauf die Form. Wie beim Schnitzen,
so sollten Sie auch beim Schleifen nie
gegen die Faser arbeiten, wenn Sie eine
wirklich saubere und glatte Oberfläche bekommen wollen.

Das Schärfen der Eisen und Messer

Vorbedingung für sauberes Schnitzen sind
scharfe Schneidewerkzeuge. Aber ein gut
geschliffenes Eisen von einem stumpfen
zu unterscheiden ist vor allem für unerfah-
rene Schnitzer nicht ganz einfach. Schau-
en Sie sich die Schneide eines Eisens einmal von vorne an. Wenn Sie die Schneide
als eine feine silbrige Linie erkennen können, ist das Werkzeug stumpf und muß
geschliffen werden, denn eine wirklich
scharfe Schneide sieht man nicht. Im übrigen müssen alle Eisen ständig nachge-
schliffen werden. Es ist daher ratsam, eine
kleine Schleifmaschine anzuschaffen. Der
Handel bietet billige kleine Schleifmaschi-
nen mit rundlaufenden Schmirgel- oder
Sandsteinscheiben an.

Damit der Stahl beim Schleifen nicht blau
anläuft, ausglüht und dadurch seine Härte
verliert, muß das Eisen immer wieder angefeuchtet beziehungsweise in Wasser
getaucht werden. Wählen Sie einen
Schleifstein mit feiner Körnung und nicht
zu kleinem Durchmesser. Empfehlenswert
sind Sandsteinscheiben, die den Stahl
nicht so stark angreifen, weil sie sich selber abschleifen. Achten Sie beim
Anschleifen der Fase darauf, daß das
Schnitzwerkzeug in immer gleichem Winkel zum Anschlag gesetzt wird. Ein ver-
stellbarer Anschlag ist an jeder guten Maschine. Das richtige Ansetzen erfordert
natürlich einige Übung, ist aber außerordentlich wichtig. Geschliffen wird immer
nur die Fase eines Eisens, niemals seine
Rückseite. Es würde sonst eine Spitze
entstehen, und das Eisen kann dann keine
Späne mehr abheben, es verkeilt sich im
Holz. Beim Schleifen halten Sie die Eisen
gegen die Laufrichtung der Scheibe. Steht
das Heft beim Schleifen zu steil zur Scheibe, wird die Fase zu kurz, das Eisen gleitet
dann nicht mehr durch das Holz, denn die
Späne werden zu dick. Sie brechen ab,
oder das Eisen bleibt im Holz stecken.
Halten Sie das Heft zu weitwinklig vom
Schleifstein weg, wird die Fase zu lang.
Dann geht das Eisen zwar weich ins Holz,
schneidet aber nur dünne Hobelspäne, die
ebenfalls leicht wegbrechen. Sie werden
den Schliff leicht nachmachen können,
wenn Sie den alten Schliff immer sauber
deckend nachschleifen. Wenn Sie wäh-

▶ Tafel Bastelarbeiten mit Stöckchen
und selbstgemachtem Bast aus der Rinde
junger Zweige. Die Formen muß man nur
im Holz entdecken und neu ordnen.

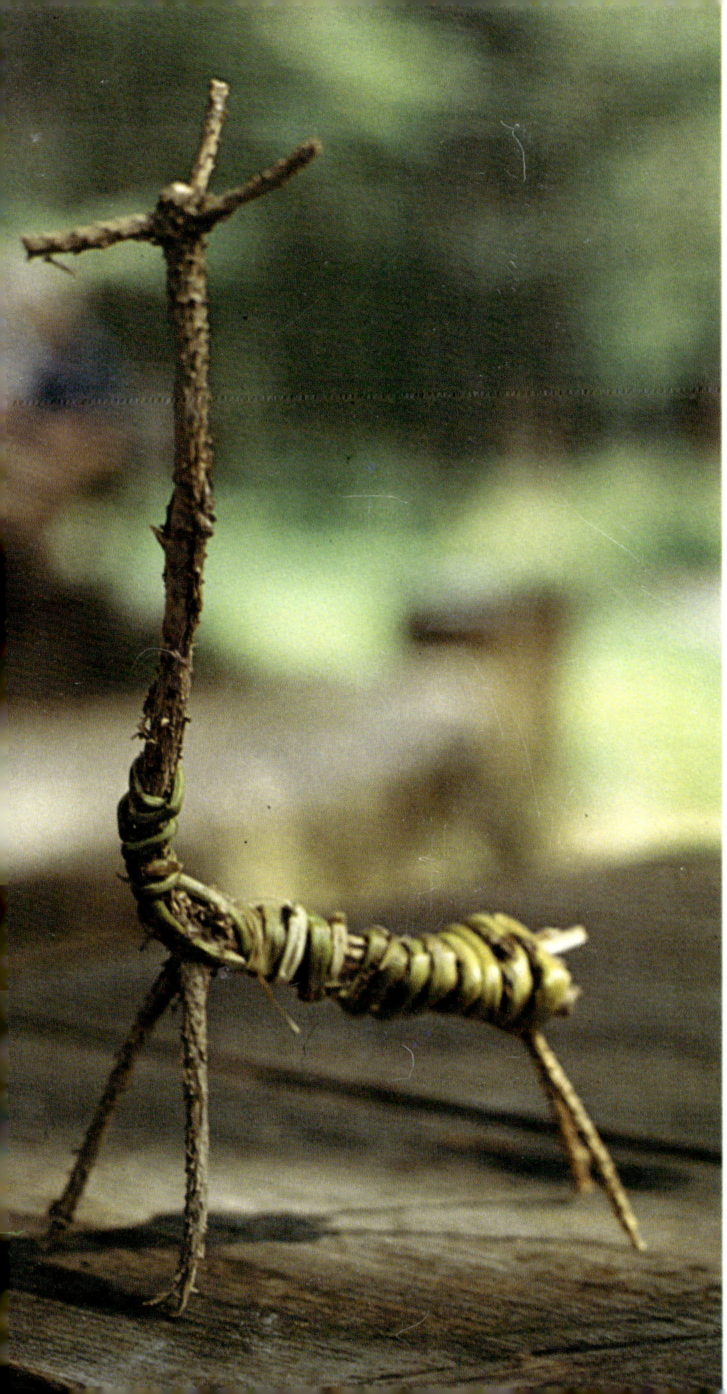

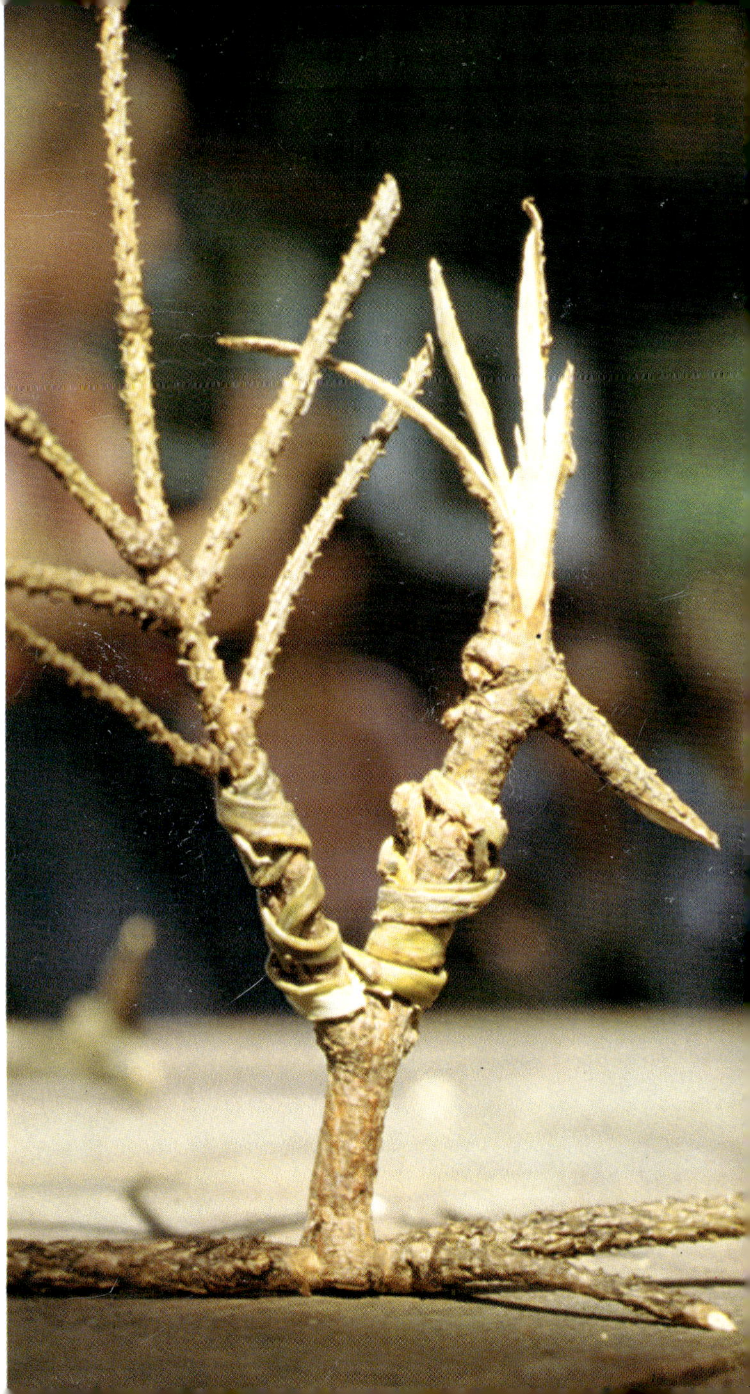

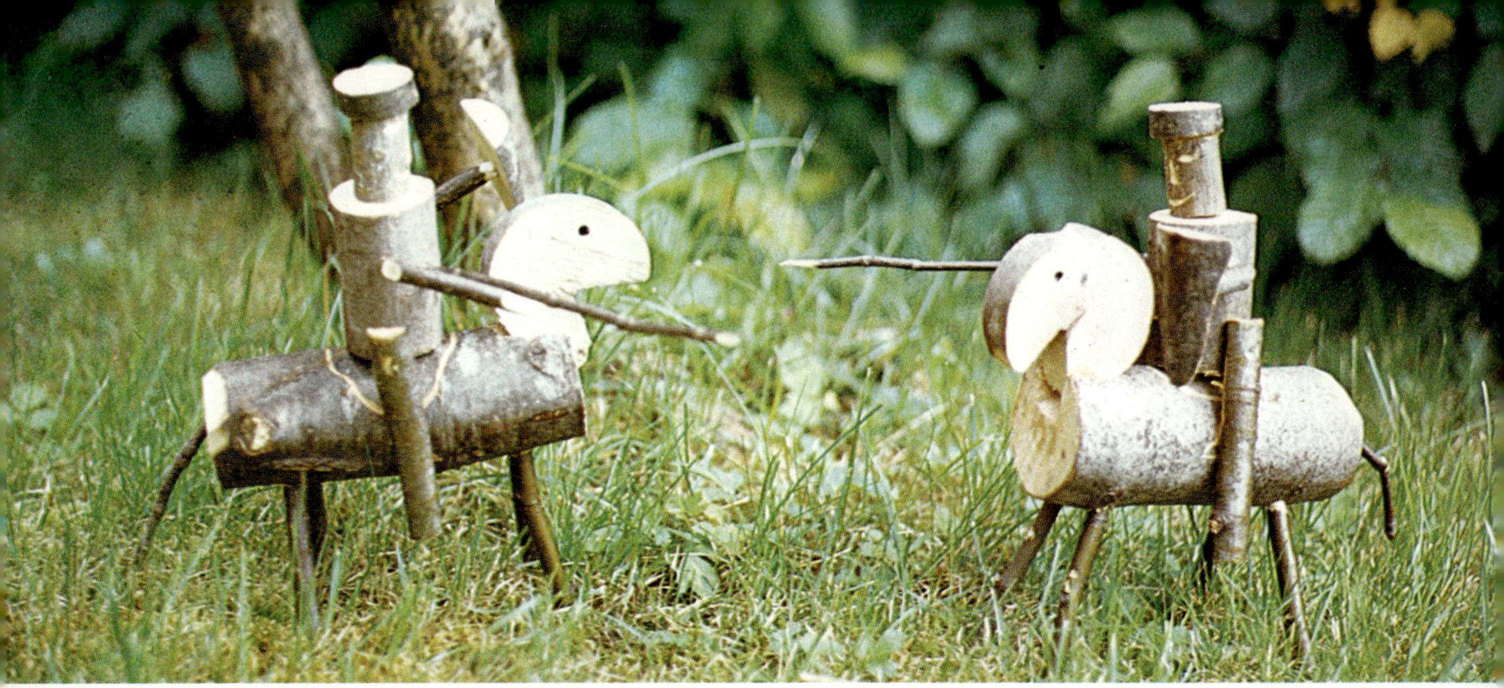

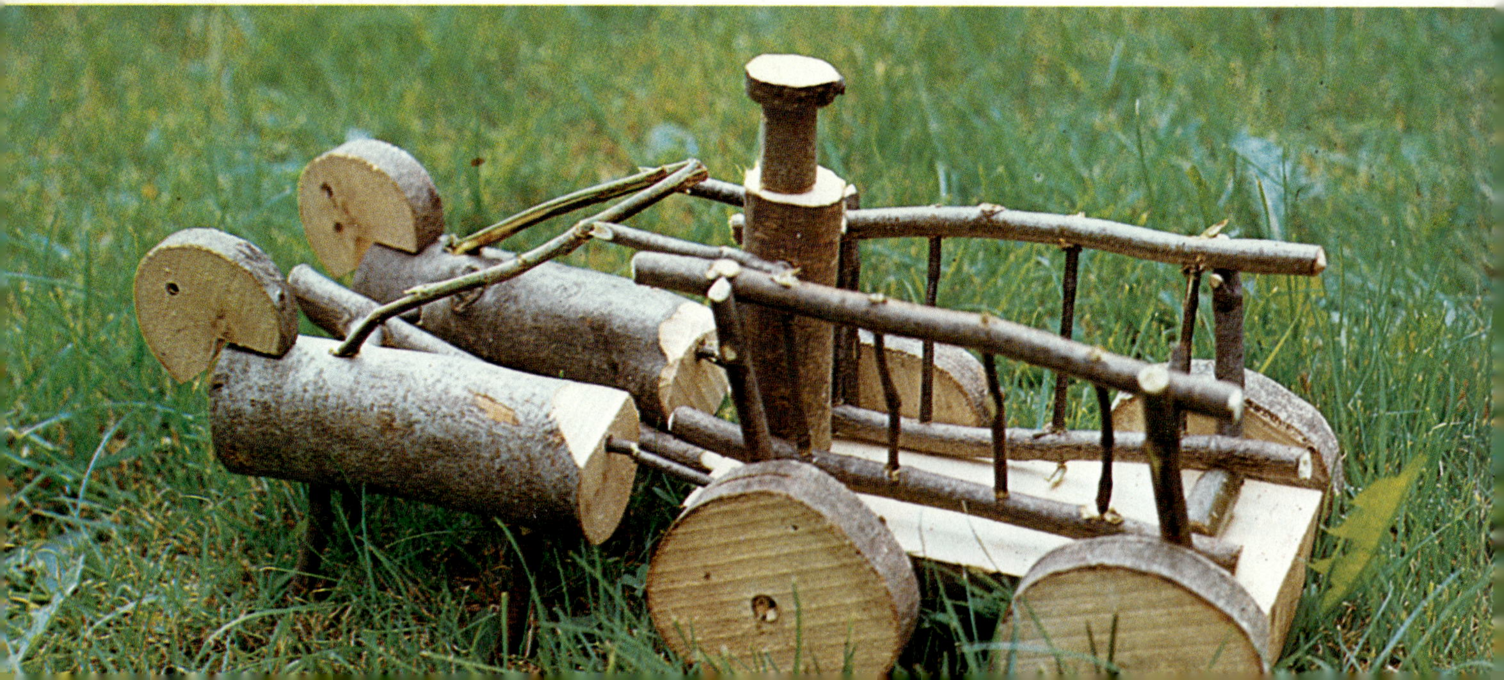

rend des Schleifens die Hefthaltung zum Stein verändern, wird die Fase rund. Das bringt beim Schnitzen den Nachteil, daß das Eisen nicht zum Einstich kommt, weil es auf der Rundung über das Holz rutscht. Drehen Sie also das Eisen beim Schleifen nicht aus dem Handgelenk vor der Scheibe hin und her, sondern führen Sie es gerade an ihr entlang. Ein leichter Hohlschliff, wie er in der Mitte der Scheibe durch das Abnutzen von selbst entsteht, kann nicht schaden. Stellen Sie also die Auflage der Scheibe so ein, daß beim Hin- und Herbewegen des Werkzeugs die Fase in ihrer vollen Breite geschliffen wird. Hohleisen müssen ebenfalls immer im gleichen Winkel zur Scheibe gedreht werden, damit die Fase in der ganzen Rundung regelmäßig breit wird.

Sobald an der gesamten Schneide ein kleiner Grat sichtbar wird, ist das Eisen scharf. Nehmen Sie aber den Grat auf keinen Fall mit der Maschine weg. Hierfür benutzt man einen Abziehstein. Der Abziehstein ist ein nicht zu harter Natursandstein. Er muß sehr fein und gleichmäßig in seiner Zusammensetzung sein. Es gibt Abziehsteine mit abgerundeten Seiten, mit denen sich auch der Schleifgrat von Hohleisen wegnehmen läßt. Grundsätzlich werden die Steine, bevor man sie benutzt, angefeuchtet.

Zum Abziehen legt man das Eisen mit seiner Rückseite flach auf den Stein und

▲ **12** Zum Schärfen der Eisen wird die Fasenseite gegen die Schneide vor und zurück bewegt. Die Schneide muß mit ihrer vollen Breite aufliegen, sonst besteht die Gefahr, daß sie kürzer oder länger wird.

schiebt es mit leichten Kreisbewegungen darauf hin und her. Die Fasenseite wird mit geraden Strichen gegen die Schneide vor- und zurückgeschoben.

Messer werden ebenfalls mit kreisenden Bewegungen auf dem flachliegenden Stein abgezogen. Natürlich von beiden Seiten.

▼ **13** Zum Abziehen der rund oder eckig geformten Stecheisen gibt es einen Spezialstein. Der Stein darf die Innenseiten der Eisen nicht anschleifen. Eisen und Stein müssen parallel zueinander bewegt werden.

◀ **Tafel** Zusammensteckfiguren aus dicken und dünnen Ästen. Die Einzelelemente werden mit der Säge vorbereitet.

Wald- und Wiesentechniken

Auch der Wald produziert Abfall. Das ist aber im Gegensatz zu dem, den der Mensch hineinwirft, wenn er sich unbeobachtet fühlt, kein Müll. Es sind Äste, Zweige und Borken, die natürlich abfallen und daher unschädlich sind.

Für die Arbeit des Schnitzers ist dieser Abfall sogar nützlich. Es ist das Material, aus dem Sie schon beim nächsten sonntäglichen Spaziergang im Wald kleine, lustige Spielzeuge herstellen oder sogar Musikinstrumente schneiden können.

Das Holzsammeln will natürlich auch gelernt sein. Suchen Sie deshalb vor allem nach schön verwachsenen Ästen und Zweigen, denn gerade das Krumme und Verkrüppelte wirkt anregend auf die Phantasie.

Das wichtigste Werkzeug für das Schnitzen im Freien ist ein scharfes, stabiles Taschenmesser mit zwei Klingen, die kleine für feines Schnitzen und die große für grobes Wegschneiden. Äste und Zweige aus weichen Hölzern, zum Beispiel Linde oder Haselnuß, strapazieren die Handgelenke des noch ungeübten Sonntagsschnitzers nicht so arg. Und, um ein Gefühl dafür zu bekommen, wie man einen kleinen Ast bearbeitet, tun Sie zunächst nichts anderes, als ihn Schnitt für Schnitt zu kürzen. Bewegen Sie das Messer dabei immer vom Körper weg, vor allem wenn Sie noch nicht genügend Gefühl für Mes-

ser und Holz haben. Das kräftige vom Körper Wegschnitzen bewährt sich besonders bei großzügiger und schneller Vorarbeit. Benutzen Sie aber auch ein wirklich scharfes Taschenmesser, das das Holz schneidet und nicht etwa sägt. Denn besonders beim Zweigebearbeiten wird mit der ganzen Klinge Holz geschnitten.

Wie schon gesagt, ist es die Naturwüchsigkeit des Stoffes, die die Phantasie stimuliert und zu immer neuen Entdeckungen reizt. Wenn Sie kleine Astholztierchen basteln wollen, müssen Sie daher ganz gezielt nach geeignetem Gestrüpp suchen. Und sollten Sie einmal einen Ast vom Baum schneiden, dann bitte nur, wenn Sie ihn auch wirklich verwenden wollen. Nicht etwa nur, um das Messer auszuprobieren, das Sie zufällig in der Tasche mit sich tragen.

◄ **1** Ein Ast wird schräg zur Wuchsrichtung (Faserlauf) abgeschnitten.

► **2** Um ein sicheres Gefühl im Umgang mit Messer und Holz zu bekommen, beginnen Sie mit dem Stockschnitzen. Erste Regel dabei ist: das Messer immer vom Körper weg bewegen (Seite 33).

Astholzfigürchen und Flöten

Eine spaßige Übung mit einem minimalen technischen Aufwand, was die Veränderung des Ausgangsmaterials angeht, ist das Hähne- oder Vogelschnitzen. Dazu benötigt man nur eine Astgabel, die auf die gewünschte Form verkleinert wird. An dem einen Ende der Gabel wird die Rinde oder auch das ganze Holzstück mehrfach eingekerbt. Das ist dann der Schwanz des Vogels, der sich mit Gräsern oder Blättern oder mit noch dünneren Zweigen weiter verzieren läßt. Der Kopf wird ebenfalls mit einigen wenigen Schnitten hahn- oder vogelähnlich vorgeformt und dann mit einigen weiteren Holzstückchen phantasievoll komplettiert.

In manchen Gegenden ist das Schnitzen von Weidenflöten eine Art Frühjahrsbrauch, denn um diese Zeit steht die Weide voll im Saft. Nach dem schrägen Abschneiden des Stockes läßt sich die Rinde durch vorsichtiges Beklopfen vom Stengel abziehen.

Die Holunderflöte läßt sich das ganze Jahr über schneiden. Sie sollten nur darauf achten, daß die Stöcke nicht zu alt und astfrei sind. Den geeigneten, nicht zu alten Stock erkennen Sie leicht daran, daß seine Rinde noch nicht zu dick ist. Ein Jahr alte Holunderstöcke sind die besten, denn sie lassen sich gut schneiden und halten außerdem das Mark beim Herausstoßen nicht zu fest. Schneiden Sie einen etwa fingerdicken Stock zurecht, der etwas länger sein sollte als die spätere Flöte. Die Länge des Stockes richtet sich danach, ob Sie einen hohen oder einen tiefen Ton

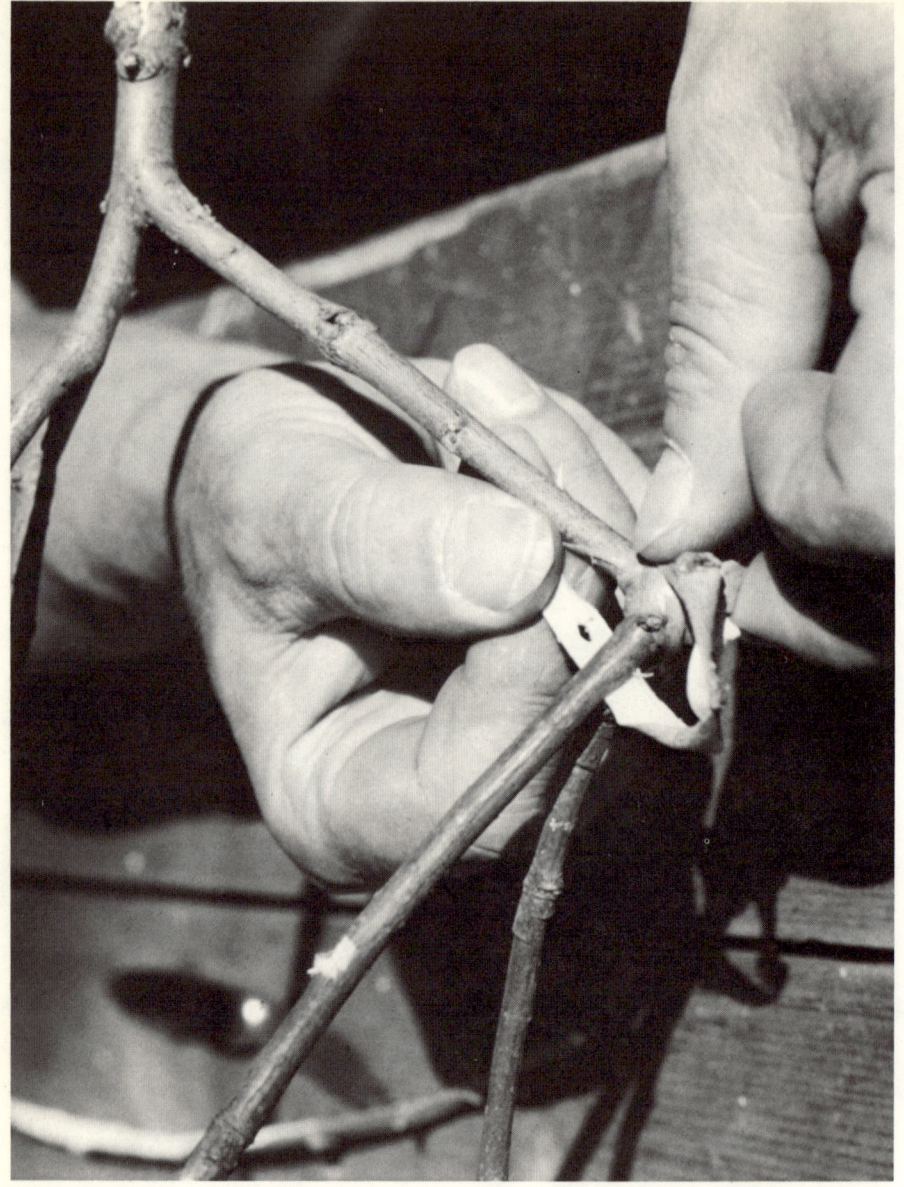

◀ **3** Für Astholztierchen werden die Zweige mit dem Messer bis auf das gewünschte Element (Astgabel) gekürzt und dann mit Bast oder Rinde zu Figuren zusammengebunden.

haben wollen. Je kürzer der Stock ist, desto höher wird natürlich der Flötenton. Mit einem geraden Stab, der nicht dicker sein darf als die Röhre, stoßen Sie das Mark vorsichtig hinaus. Dann schieben Sie den Stab vorn wieder in die Holunderröhre hinein, so daß er fest sitzt und die Röhre nicht brechen kann, wenn Sie die für Flöten typische Einkerbung, das Labium, schneiden. Danach ziehen Sie den Stab wieder hinaus und schneiden einen kleinen Block davon ab. Der Block wird dann in seiner Länge leicht abgeflacht und erneut in die Röhre eingesetzt. Danach wird erst das Mundstück geschnitten. Von dem gleichen Stab schneiden Sie nun ein Verschlußstück ab, das unten in die Flöte hineinkommt. Mit dem Verschlußstück legt man auch die Höhe oder Tiefe der Töne fest, das heißt, je weiter ein Verschlußstück in die Röhre hineingestoßen wird, desto höher wird der Flötenton. Für die Feinarbeit an der Flöte achten Sie bitte darauf, daß Sie Stock und Messer kurz halten, der Schnitt aber kräftig aus dem Handgelenk kommen muß.

In der gleichen Technik läßt sich auch eine Panflöte basteln. Sie benötigen dazu eine dünne Astgabel, auf die die einzelnen Flötenstöcke der Größe nach geordnet, mit selbstgefertigtem Bast nebeneinander festgebunden werden. Die Rinde des Lindenzweiges beispielsweise ist so ge-

▶ **4** Das Bindematerial wird mit der Spitze des Messers vom Zweig gelöst. Dabei hält man das Messer kurz an der Klinge. Der Zweig liegt fest auf einer Unterlage, damit die Klinge nicht seitlich abrutschen kann.

schmeidig, daß man sie für Korbflechtarbeiten oder als Bast in Gärtnereien verwendet. Für weniger zeitlose Kunstwerke läßt sich auch Bast aus anderen jungen Zweigen für allerlei Binde-, Knüpf- und Flechtarbeiten herstellen. Auch die ganz dünnen Zweige der Trauerweide eignen sich zum Binden. Sie müssen allerdings sofort nach dem Schneiden verarbeitet werden, ehe sie austrocknen und brüchig werden können. Späteres Wässern macht sie auch nicht wieder geschmeidig. Das Abtrennen der Rinde geschieht mit einem leichten Schnitt bis auf das Holz des Zweiges. Dann wird die Rinde der Länge nach vom Zweig geschält und getrocknet. Je nach Breite der abgelösten Rinde verteilen Sie diese dann in vier bis fünf kleine Fäden. Dazu fassen Sie die Messerspitze ganz kurz und führen sie wie einen Bleistift am Lineal entlang.

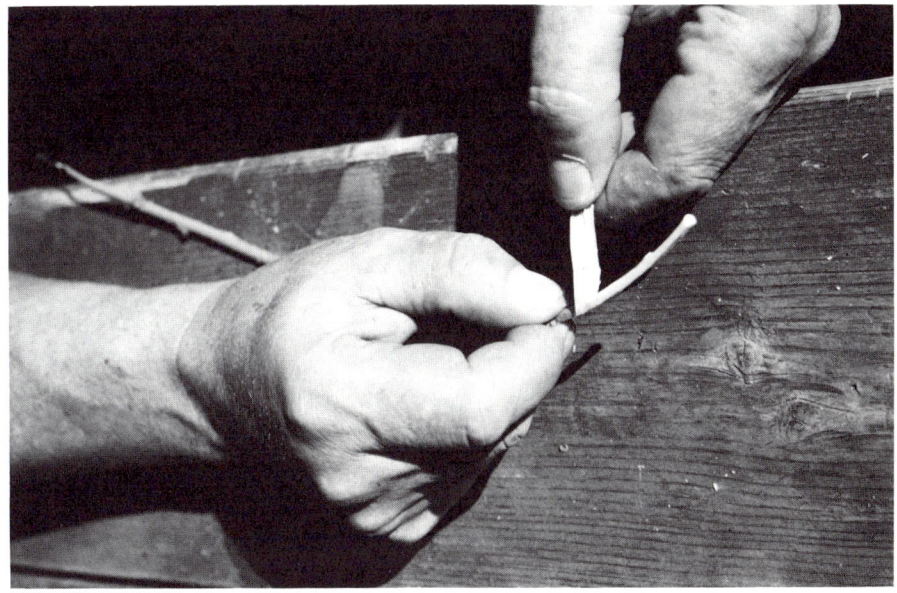

▶ **5** Die Rinde zieht man ab, bevor der Zweig austrocknen kann.

▶ **6** Zur Holunderstock-Panflöte gehört eine Astgabel, mehrere verschieden lange Holunderstöcke und Rinde.

▼ **7 l.** Mit einem geraden Stab wird das Mark aus den Holunderstöcken gestoßen (nicht zu alte Stöcke verwenden, sie halten das Mark fest).

▼ **8 r.** Der ausgehöhlte Stock wird oben wieder mit einem kurzen passenden Holzstab verschlossen, damit die Röhre beim Schnitzen nicht einknickt.

Zusammensetzspiele aus Ästen und Zweigen

Mit Phantasie, Säge und Schnitzmesser lassen sich aus dickeren Ästen und Zweigen witzige Figuren und Spielsachen basteln. Die gefügigsten Hölzer sind natürlich die weichen wie Linde, Haselnuß und Fichte, aber auch Hölzer wie Birnbaum, Buche und Tanne.
Das Spiel beginnt, indem man mit einer Säge das Gesammelte und Mitgebrachte zerlegt. Die Länge und Stärke der jeweiligen Sägestücke richtet sich natürlich nach Absicht und Zweck der Verwendung. Zum Figürchenerfinden und Schnitzen ist zunächst einmal alles brauchbar, was die Elemente angeht. So werden Arme, Beine, Rümpfe, Köpfe benötigt. Dazu kom-

▶ **9** Das Labium muß sorgfältig eingekerbt werden. Dazu liegt das Holz fest auf
einer Unterlage. Der erste Schnitt ist senkrecht zur Röhrenmitte, der zweite schräg
zum Einschnittende des ersten.

men dann noch all die Gegenstände, die
die Figuren eventuell bei sich tragen sollen. Alle Formelemente sind in den Ästen
und Stöckchen bereits enthalten. Für eine
kleine Serie Astholzmännchen sägt man
Rumpfteile aus einem 2 bis 3 cm dicken
Ast. Für Köpfe genügen dann meist dünnere Teile. Arme und Beine bestehen
dann ebenfalls aus dünneren Stöcken. So
kann man mit dem Erfinden beginnen. Die
durch Sägen entstandenen Formen sollten
Sie sich immer wieder genau ansehen und
neu zuordnen, denn die zylindrischen
Holzabschnitte sind zwangsläufig nie
gleich groß, gleich gerade oder gleich sauber abgesägt. Das eine Stück ist vom Anfang des Astes, das andere vielleicht von
seinem dicken Ende. Trotzdem haben alle
Stücke eines gemeinsam: die durch Sägen entstandenen Schnittflächen. Und an
diesen Schnittflächen sollen die Einzelteile
auch wieder zusammengefügt werden.
Wenn die Äste eine Markröhre haben, stoßen Sie sie mit einem dickeren Nagel oder
Drahtstift heraus. Durch diese Löcher können dann dünne Stöckchen, oder, wenn
die Figur an diesen Stellen beweglich sein
soll, eine Schnur durchgezogen werden.
Ganz nach dem Prinzip einer Perlenkette,
an der die Einzelteile ja auch aufgereiht
werden. Natürlich kann der Stock auch
schon vor dem Zersägen mit Kerbschnit-

ten verziert werden. Besonders dann,
wenn die Figur sowieso eine durchgehen-
de Verzierung haben soll. Es ist am Anfang
nicht ganz einfach, die Haupt- und Teilele-
mente von Tier- oder Menschenfiguren zu
einer Marionette zu bilden. Besonders weil
Rumpf und Kopf zumeist runde, kugelige
Formen haben, Arme und Beine aber läng-

lich sind. Die Kombination von Groß- und
Kleinformen werden Ihnen natürlich zuerst
einige Schwierigkeiten machen. Ordnen
Sie die Elemente immer wieder neu zu, bis
die Teile Ihrer Vorstellung entsprechend
zusammenpassen. Versuchen Sie keine
realistische Darstellung, denn die Spielzeuge sollen ja witzig sein.

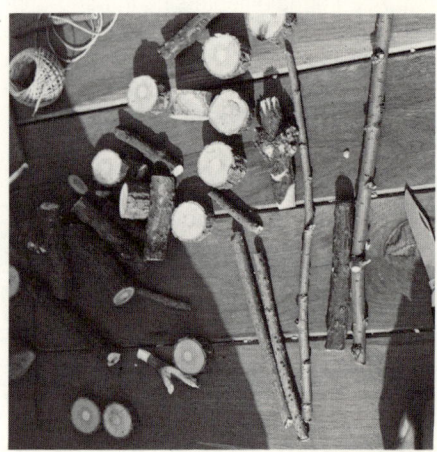

▲ **11** Zweige und Äste werden mit dem Fuchsschwanz in x-beliebige Teile zersägt. So entstehen aus einem großen Teil kleine Sonderformen.

▲ **10** Die Flötenstöcke werden mit Bast auf der Astgabel festgebunden und jedes von unten mit einem passenden Stock verschlossen. Je tiefer ein Stock in die Röhre eingeschoben wird, desto heller wird der Flötenton.

▶ **12** Durch Neuzuordnen der abgesägten Elemente entstehen bereits witzige Kombinationen: die Anlage für eine Astholzmarionette.

▲ **14** Eine Schnur zieht man durch eine längere Röhre, indem man einen dünnen Draht durchstößt, die Schnur daran befestigt und den Draht zurückzieht.

▶ **13** Diese Schlange entstand durch Zersägen eines Astes in kleine Scheibchen. Der Astgabelkopf ist mit dem Schnitzmesser modelliert. Die Teile sind mit einer Schnur, die durch die Markröhre läuft, aneinandergefügt.

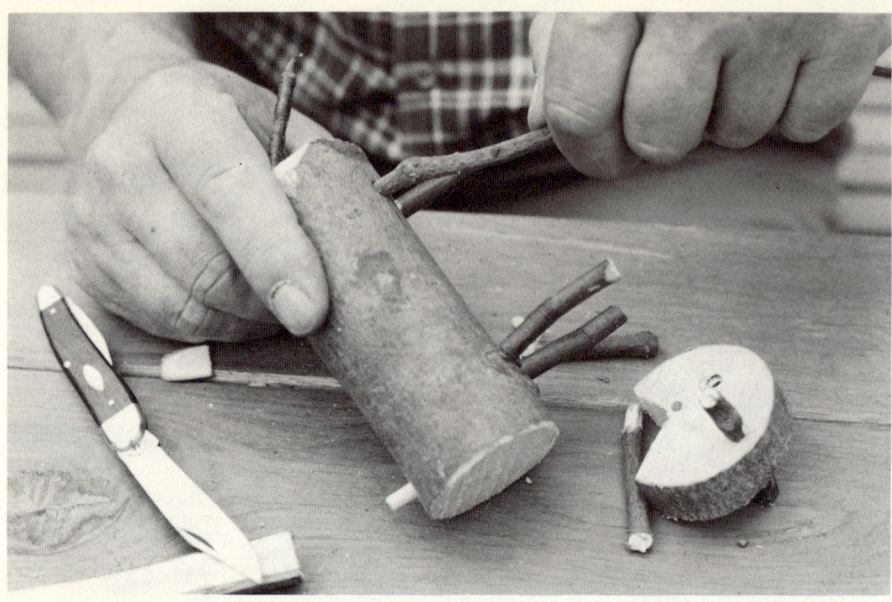

◄ 15 Aus starken Ästen werden Scheibchen und längere Stücke gesägt. In das längere, zylinderförmige Stück bohrt man vier Löcher, in die dünnere Äste als Standbeine gesteckt werden.

◄ 16 Aus einer Astscheibe sägt man ein Dreieck aus. Das wird der Kopf einer Astholzfigur, den man mit dem Schnitzmesser verzieren kann. Wo der Kopf sitzen soll, wird ein Holzdübel in den Rumpf eingesetzt.

▶ **17** Der Pferdekopf kann auch durch eine Einkerbung im Rumpf befestigt werden. Damit der Reiter einen festen Sitz bekommt, wird ein Dübel, ein kleines Stöckchen, in beide Figuren eingesetzt.

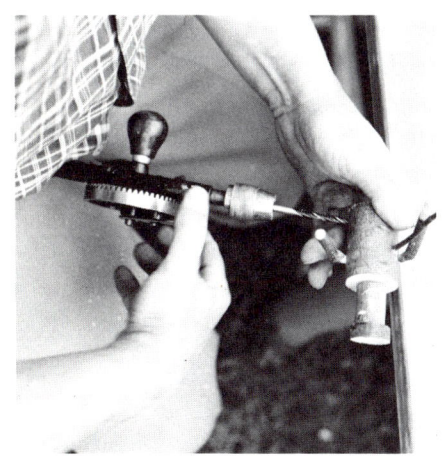

▲ **18** Dübellöcher werden mit der Handbohrmaschine in die Einzelteile gebohrt.

Schnitztechnische Übungen

◄ **1** Um ein Gefühl dafür zu bekommen, wie ein Span entsteht, zerschnitzt man ein Kiefernbrettchen mit langen Schnitten in Faserrichtung. Ein richtig geschnittener Span rollt sich elastisch zusammen.

► Tafel Roß und Reiter, Böcke und ein Hahn. Sie entstanden durch Zersägen, leichtes Verändern und Neuaneinanderfügen eines Astes. Charakteristische Details (Hahnenkopf) oder Verzierungen werden mit dem Messer geschnitten!

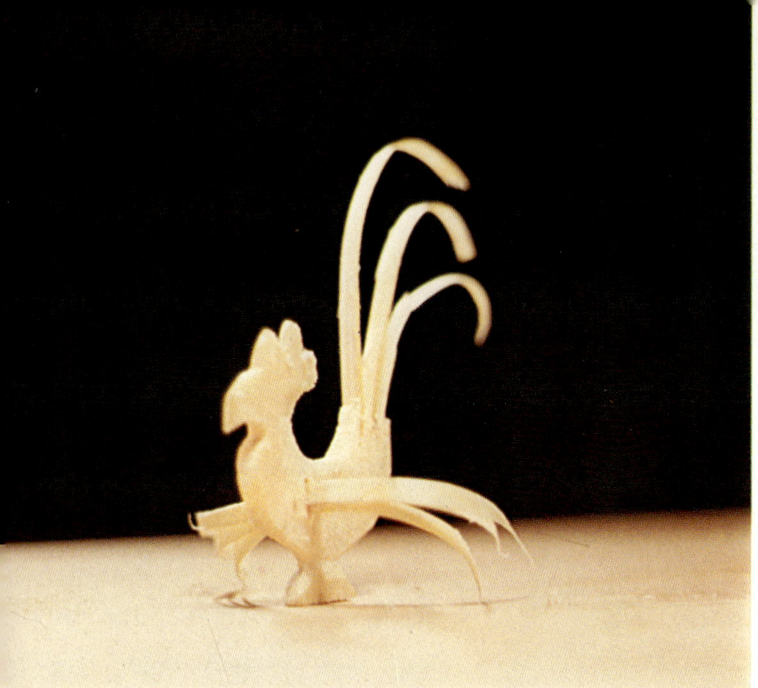

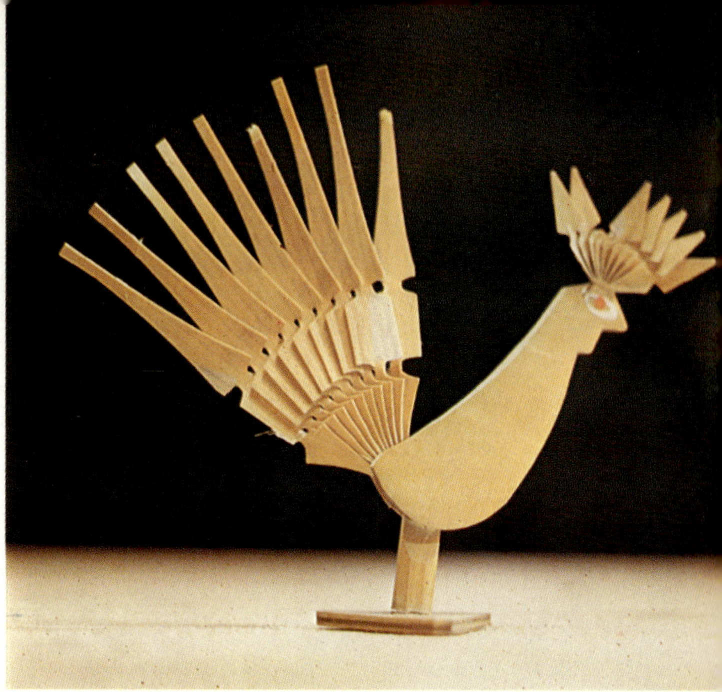

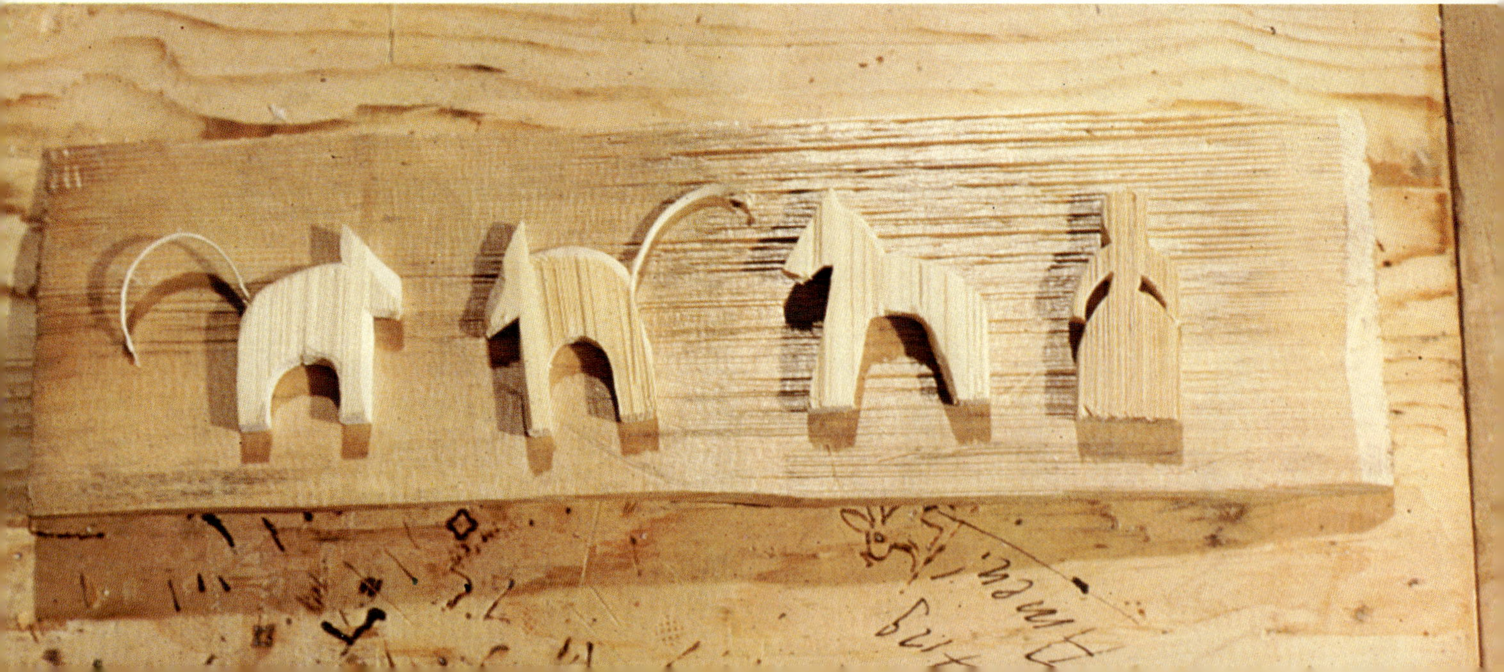

In jedem rohen Material – ob Holzklotz oder auch Stein – steckt schon das fertige Gebilde, die künstlerische Skulptur, eine endgültige Form. Man muß sie nur von dem sie umgebenden überflüssigen Material befreien. Das ist zwar eine Binsenweisheit, trifft aber genau den Nagel auf den Kopf. Denn anders als beim plastisch aufbauenden Gestalten entsteht die Form nicht durch Hinzufügen oder Zusammensetzen, sondern durch das Gegenteil – dem Wegnehmen. Und das Wegnehmen ist die Kunst des Schnitzens.

Eine der entscheidenden Gestaltungs-, aber auch handwerklichen Voraussetzungen ist das Üben des einfachen Wegschnitzens. Dadurch trainieren Sie gleich von Anfang an den zweckmäßigen Gebrauch der Werkzeuge. Wiederholen Sie das Zerschnitzen an kleinen Leisten oder an wertlosen Holzklötzen immer und immer wieder. Schneiden Sie sie in kleine und kleinste Späne. Das machen Sie mit allen Schneidewerkzeugen, bis Sie sie kennen. Dadurch prägen Sie sich ihre Schnittcharakteristik ein, die Sie später an der Schnitzerei gezielt einsetzen können. Je kleiner das Holzklötzchen wird, desto vorsichtiger müssen Sie natürlich schneiden. Das erzieht zur Aufmerksamkeit und Sie begreifen, was Schnitzen ist. Wahrscheinlich wird sich durch diese Schnitzübungen mit Werkzeugen und Hölzchen irgendwann irgendeine Form ergeben. Sie

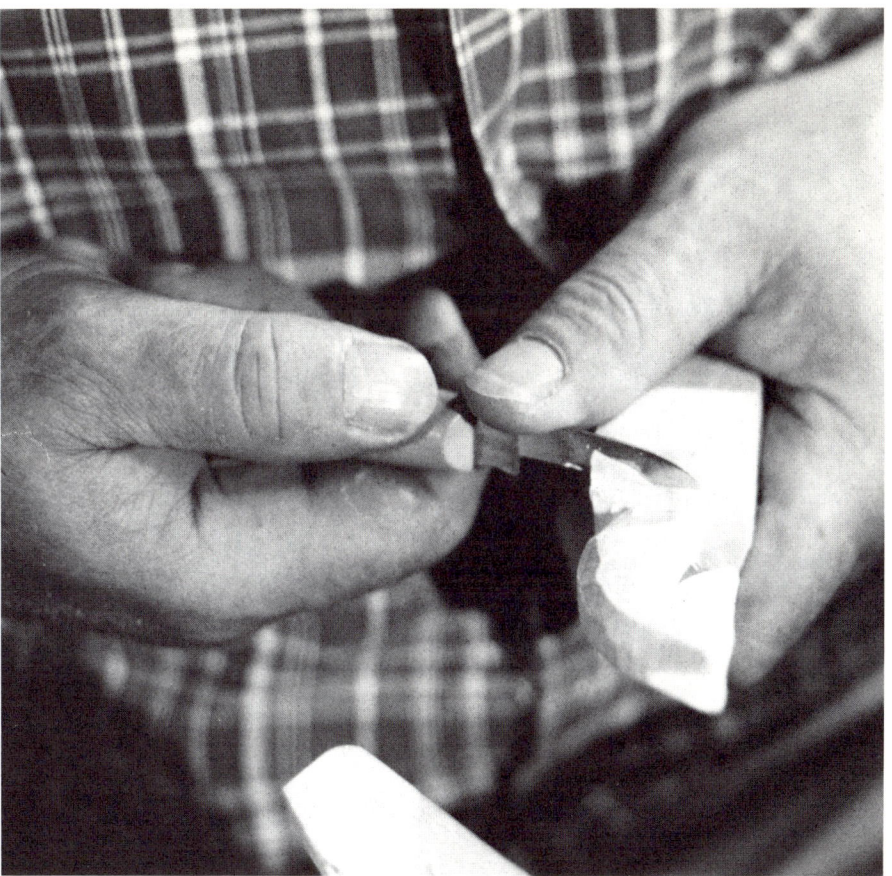

◀ Tafel Spaltholzfigürchen sollen nicht zu groß ausfallen und auch wirklich nur aus Hölzern sein, die beim Abspalten eine grobe Struktur an der Oberfläche zeigen. Nadelhölzer eignen sich wegen ihrer langen Fasern zum Spalten und zum Spänen.

können dann auf diese Zufallsform eingehen und sie ausschnitzen. Daraus wird so Ihre erste Schnitzerei.

Experimente dieser Art sind nützliche Lernstufen, denn sie trainieren damit praktisch Gefühl und Gespür für Formen. Das werden Sie auch später dringend gebrauchen, wenn Sie nicht ständig irgendwelche Formen oder Gebilde imitieren wollen.

▲ 2 Das kurzklingige Schnitzmesser ist das ideale Werkzeug zum Anlegen und Modellieren frei aus der Hand. Das Messer wird direkt an der Klinge gehalten, die Schnittbewegung kommt knapp aus dem Handgelenk. Bei sehr feinen Schnitten drückt der Daumen der Hand, die das Werkstück hält, zusätzlich auf den Klingenrücken.

▲ **3** Das Ausgangsmaterial ist ein abgespaltenes Brettchen. Es muß so dünn wie eine Dachschindel sein. Es wird aus dem Klotz in Richtung der Risse herausgetrennt. Das Brettchen wird dann mit dem Messer noch einmal gespalten.

Die Fähigkeit, eine zunächst nur in Ihren Gedanken vorhandene Form aus einem Werkstoff herauszuschneiden, braucht ständige Übung und Konzentration.
Erst wenn Sie selbst ein Könner in der Beherrschung von Holz und Schnitzwerkzeugen geworden sind, wird Ihnen das Kopieren einer bedeutenden Schnitzerei gelingen. Bis dahin ist jedoch noch ein weiter Weg.
Eine weitere Sprosse auf der Leiter, Ihren Werkstoff und die Werkzeuge beherr-schen zu lernen, ist das Ausstechen, Aushöhlen und Graben im Holz. Bohren Sie forsch und ohne sich von einer Gestaltungsabsicht leiten zu lassen Höhlen und Löcher mit dem Hohleisen in das Holz. Dabei geht es darum, zur Übung eine wie auch immer geartete Formänderung des Holzes durch Ausheben vorzunehmen. Wenn Sie wollen, können Sie diese Bohrarbeit natürlich auch vorskizzieren. Trotzdem werden Sie wahrscheinlich ohne Vorbild und ohne Schablone eher begreifen und sich beim Graben und Gründeln bewußter mit dem Material Holz auseinandersetzen. Denn die völlige Konzentration auf das, was entsteht, ist entscheidend.
Sie werden sich natürlich nicht davor schützen können, Formen auszustechen, die Sie verstehen, obwohl die Anordnung frei ist. Aber Sie erwerben sich im Verlaufe der Arbeit natürlich eine Vorstellung, die Sie überprüfen und ständig korrigieren können. Damit arbeiten Sie schöpferisch, ohne die Natur nachzubilden.
Vom Arbeitstechnischen beurteilt, heißt das bereits, daß Sie perfekt schnitzen und sogar mit einer eigenen klaren Vorstellung und der Fähigkeit, frei aus dem Holz heraus eine Form zu gestalten. Und das schließt auch von vornherein aus, daß Sie etwas falsch machen. Wie Ihre Figuren oder Höhlungen zunächst aussehen, ob lang oder dick, kugelig oder schlank, spielt gar keine Rolle. Üben Sie sich in der radikalen Vereinfachung, sofern es Ihre Überzeugung zuläßt. Damit lösen Sie sich automatisch von der lästigen Regel, die Leitbilder oft aufdrängen und damit eigenes Gestalten verhindern. Und Sie bekommen im Laufe der Zeit alle Möglichkeiten zum Modellieren und plastischen Gestalten in den Griff.

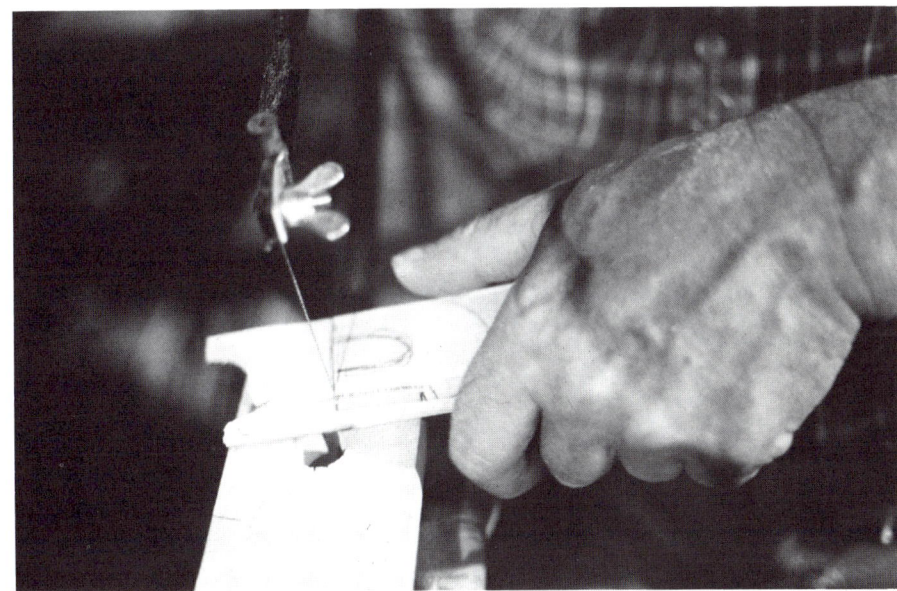

▲ **4** Die Figürchen zeichnet man grob auf das Brett. Wenn die Figürchen dünne Ausläufer (Beine, Arme oder ähnliches) haben sollen, müssen diese Elemente unbedingt in Faserrichtung laufen, sonst brechen sie beim Beschnitzen noch leichter ab.

▶ **5** Spaltholzfigürchen werden mit der Laubsäge freigelegt. Das Brettchen muß flach aufliegen und darf nicht verkantet werden.

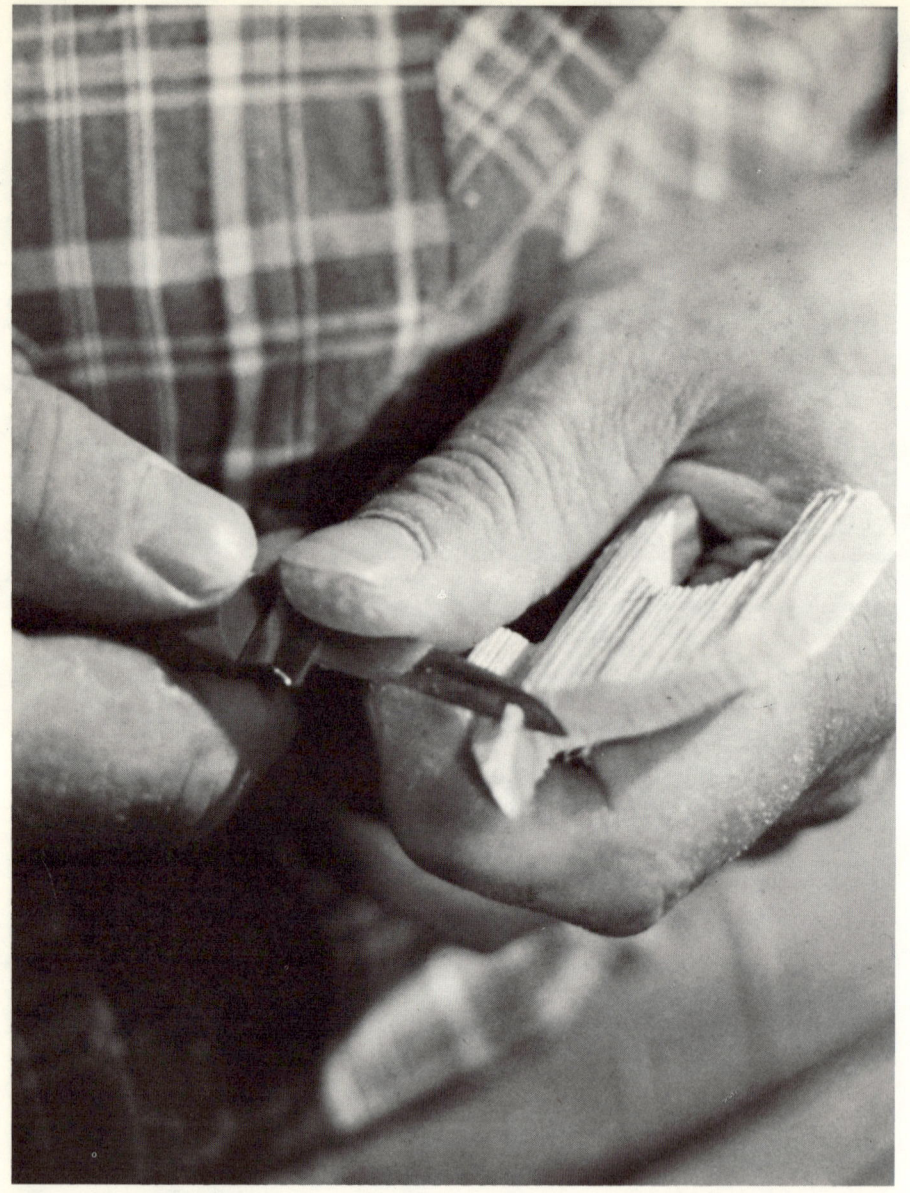

Freihandschnitzen

Das Freihandschnitzen erfolgt, wie es der Begriff bereits verdeutlicht, ohne jede Ein- oder Festspannvorrichtungen. Es ist klar, daß die Eisen und Messer für diese Art von Schnitzen besonders scharf sein müssen, denn Sie behalten den zu bearbeitenden Holzklotz ständig in den Händen. Und stumpfe Werkzeuge würden die Handgelenke übermäßig beanspruchen. Schnitzen Sie gleichmäßig, gezielt und mit immer gleichem Druck. Denn auch bei zu unterschiedlich starkem Kraftaufwand kann die Schnitzerei unsauber werden. Und schließlich sollten Sie beim Arbeiten das Holz und die Messer spüren – nicht Ihre Muskeln.

Halten Sie das Werkzeug kurz, und umfassen Sie bei langschneidigen Werkzeugen die Klinge und nicht das Heft. Dadurch verkürzt sich der Weg zum Werkstück, und Sie können mit der ganzen Kraft Ihrer Hand direkt über das Werkzeug auf den Holzklotz einwirken. Zum sicheren und präziseren Führen des Werkzeugs legen Sie den Außenballen der Schneidehand auf den Holzklotz auf. Das schützt gleichzeitig die Hand vor einem Abrutschen vom Werkstück. Auch wenn Sie das Holz in der Hand bewegen müssen, ist es selbstver-

◄ **6** Spaltholzfiguren dürfen nur an den Kanten mit dem Schnitzmesser modelliert werden.

◄ **7** Die Figürchen behalten ihre faserige Oberfläche, können jedoch mit Wasserfarben leicht angetupft werden.

ständlich, daß Sie das Eisen immer so kurz wie möglich halten, denn auf diese Art lassen sich selbst feinste plastische Elemente und Ornamente schneiden.

Für das Freihandschnitzen sollten Sie nicht zu hartes Holz wählen. Arbeiten Sie so entspannt wie möglich, und lassen Sie eine verkrampfte Körperhaltung gleich von Anfang an nicht aufkommen.

Bei groben Vorarbeiten an Ästen und Zweigen schnitzen Sie immer vom Körper weg. Schnitzen in Körperrichtung ist nur für feines und detailliertes Arbeiten gestattet. Dann muß die Schneidehand jedoch auf das Werkstück aufgelegt werden.

Weitere Methoden sind das Schnitzen mit Daumendruck auf den Klingenrücken des Messers und das Schnitzen mit der steil auf dem Werkstück geführten Klinge – so, wie wenn man mit dem Stift etwas aufzeichnen beziehungsweise eingravieren will. In dieser Steilhaltung lassen sich vorzüglich Kerben und Details anlegen.

Bevor Sie sich den einzelnen Techniken des Schnitzens zuwenden, sollten Sie noch wissen, daß sich jedes Holz praktisch sofort nach dem Fällen unter das Messer nehmen läßt. Wenn Sie eine größere Arbeit an einem Stamm vorhaben – eine Plastik beispielsweise –, können Sie damit gleich nach dem Abschälen der Rinde beginnen. Auch für kleinere Schnitze-

reien – etwa Puppenköpfe oder Schachfiguren – brauchen Sie nicht zu warten, bis das Holz ganz ausgetrocknet ist. Fangen Sie gleich an. Sollte jedoch Ihr Plan, dieses oder jenes zu gestalten, für die ersten groben Anlegeschnitte noch nicht reif genug sein, so ist es trotzdem empfehlenswert, soweit es der spätere Gegenstand zuläßt, den Holzklotz von der einen oder anderen Seite auszuhöhlen. Besonders das Weiche im Holz graben und bohren Sie aus dem Klotz heraus. Sie nehmen dadurch dem frischen Holz die innere Spannung, und die natürlicherweise auftretenden Trockenrisse sprengen Ihr Holzstück dann nicht zu sehr auf.

Spalten und Spänen

Zum eigentlichen Spalten benötigt man ein starkes Messer mit fester Klinge. Leichte Schläge mit einem Holzhammer auf den Rücken des Messers erleichtern die Spaltarbeit. Manche Hölzer sind leicht, andere aber schwer zu spalten.

Gut spaltbare Hölzer sind: Tanne, Fichte, Kiefer, aber auch Lärche, Erle, Kastanie, Wintereiche und Sommerlinde.

Spaltholz wirkt so lebendig und ursprünglich wie Astholz. Durch das Abspalten mit dem Beil oder dem Messer sind die Flächen unregelmäßig und nicht geglättet. Die Oberfläche des Holzes erscheint bewegt und wirkt wie ein Relief. So sollten natürlich auch die Spielzeuge oder Gegenstände, die aus Spaltholz hergestellt werden, nicht mit Feile oder Sandpapier geglättet oder nachbehandelt werden, denn in der rohen, gemaserten Holzoberfläche liegt der besondere Reiz.

Laubsäge, Schnitzmesser und vielleicht ein kleiner Handbohrer sind die Hauptwerkzeuge für Spaltholzarbeiten. Wenn Sie ein dünnes Brettchen abgespalten haben (es sollte je nach Größe der gewünschten Figur nicht dünner sein als 1 cm, denn dünnere Brettchen lassen sich nicht mehr beschnitzen, das heißt zu einer Figur modellieren), zeichnen Sie, eventuell mit Hilfe einer Schablone, die jeweilige Figur auf. Mit der Laubsäge wird dann die aufgezeichnete Form freigelegt. Anschließend brechen Sie mit dem Schnitzmesser die Sägekanten. Auf keinen Fall dürfen Sie die Figuren außer mit dem Schnitzmesser weiter bearbeiten.

In dieser Technik kann man die verschiedenartigsten Tierfiguren schnitzen, ja, sogar ein Hühnerhof oder ein regelrechter Zoo lassen sich zusammenstellen. Dazu werden dann die Tiere auf eine Unterlage gesetzt. Damit sie dort einen festen Stand bekommen, schneiden Sie mit dem Messer oder einem Laubsägeblatt kleine Löcher in die Unterlage, so wie die Figuren auf dem Brett stehen sollen. Die Unterlage sollte ebenfalls aus rein stilistischen Gründen aus einem geraden Spaltholzbrett gesägt sein.

▲ 8 und ▶ 9 Spanholzfigürchen werden mit dem Messer eingekerbt und mit den gelungensten Spänen verziert.

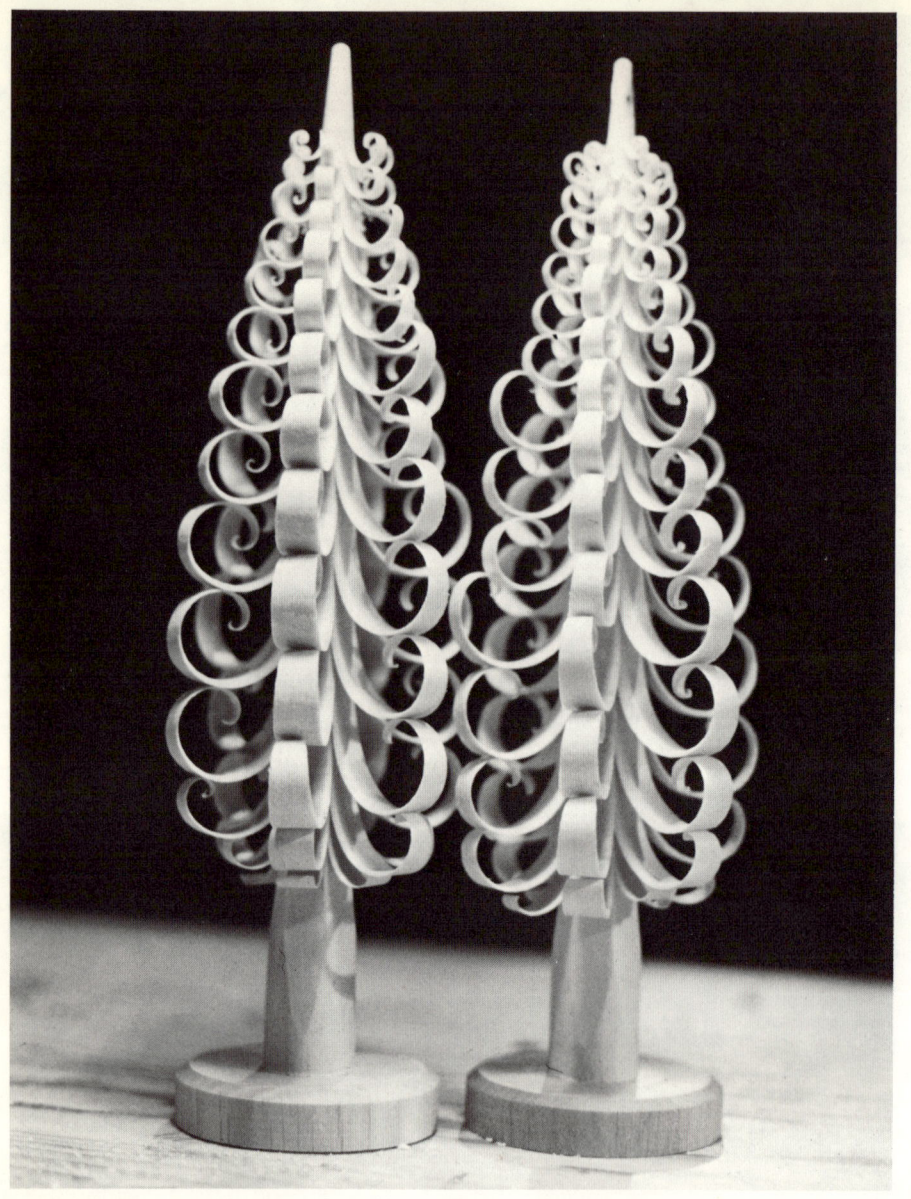

Spanholzspielereien

Das Spänen ist eine Holzschneidetechnik, mit der man die Spaltholzarbeiten veredeln kann. Sie können sie natürlich auch mit Geschick und ausreichender Phantasie als eine eigene Schnitztechnik betreiben. Das Spänen erfordert eine besondere Übung, denn der Span soll fein sein und sich elastisch einrollen. Dabei ist die Richtung der Maserung des Holzes von besonderer Wichtigkeit.

Heben Sie zuerst einmal einige Späne vom Brett ab. Dadurch bekommen Sie ein Gefühl für den feinen Span, der sich zwischen Messer und Daumen vom Brett löst. Das üben Sie dann solange, bis Sie hauchfeine Spanbüschel schneiden können. Gerade bei diesen kleinen Spanschnitzereien gewinnt man wesentliche Einsichten in die Eigenschaften des Werkstoffes Holz.

Beginnen Sie an den Seiten immer so dünn wie möglich und schneiden Sie dann sehr sorgfältig zur Mitte hin. Natürlich gelingt nicht jede Arbeit immer auf Anhieb. Trotzdem sollten Sie nicht gleich die Flinte ins Korn werfen. Oft genug ist das stumpfe Messer der Grund, das dem Beginner die Arbeit zunichte macht.

◄ **10** Ganze Spanbüschel erfordern viel Training. Sollen die Späne sich nach oben zur Spitze des Baumes hin einrollen, beginnt man oben, sollen die Späne nach unten zum Stamm zeigen, beginnt man am Stammende. Ein wirklich dünner, elastischer Span gelingt nur, wenn man in Wuchsrichtung des Holzes (Faser) schneidet.

▲ **11** Der Fächervogel ist aus Linde. Das Holz darf keine Aststellen haben. Die Form wird mit der Laubsäge ausgeschnitten. Die eckigen Profile in den Kopf und Schwanzfedern werden ebenfalls mit der Säge gemacht. Nach dem Aussägen legt man das Holz in kochendes Wasser. Danach wird es auf der Arbeitsplatte festgespannt. Beim Spalten fassen Sie das Messer mit beiden Händen und ziehen es ohne Absetzen auf sich zu. Der Fächer wird um so größer, je feiner die Späne sind. Im noch feuchten Zustand werden die Späne auseinandergezogen; dabei wird die Knickstelle vor dem Knicken mit dem Messerrücken angedrückt. Die Federn klemmt man dann hintereinander in die ausgeschnittenen Einkerbungen.

Flachschnitzen

Einen Stock zu beschnitzen, etwas einzuritzen in ein Stück Holz, ist – ohne daran eine künstlerische Ambition zu knüpfen – für jeden die erste Schnitzarbeit. Meist ist es nur ein Herz in die Rinde eines Baumes oder eine Spirale in einen Knüppel während einer Wanderung. Manch einer hat daran Gefallen gefunden und mit dem Messer weitere Holzgegenstände verziert. Das war dann schon eine bewußte Auseinandersetzung mit dem Werkstoff Holz und dem Schnitzmesser; vor allem jedoch eine Gestaltungsarbeit mit einem Material, an dem man mit Erfolg seine kleinen Fertigkeiten demonstrieren konnte. Wenn man diese Spielerei ernst nimmt, kommt dabei eine Holzschnitztechnik heraus, die als Flachschnitzen bekannt geworden ist. Kerben und Ornamente in Holzgegenstände schneiden ist ein vorzügliches Hobby mit hohem künstlerischen Anspruch.

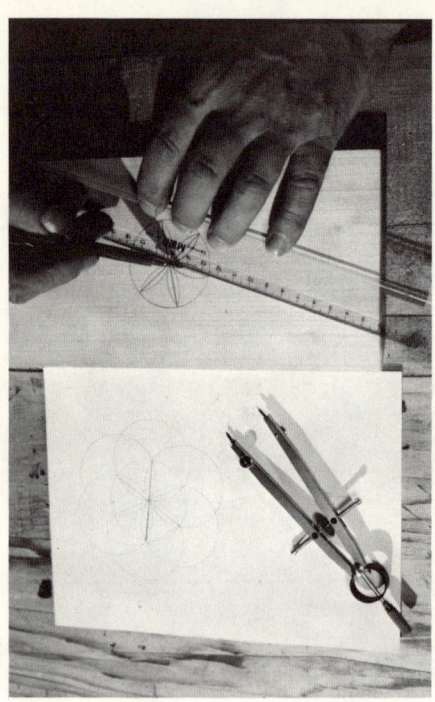

▲ 1 Mit dem Nullenzirkel lassen sich Blumen, Ornamente und vielerlei stilisierte Figuren konstruieren. Der Umgang mit Lineal und Zirkel wird zunächst auf Papier geübt. Danach wird die Zeichnung auf Holz angelegt. Langfaserige Hölzer brechen beim Kerben eher aus.

Kerbschnitzen

Für das Kerbschnitztraining eignet sich jedes kleine Brett. Weil Sie zum Führen der Werkzeuge beide Hände einsetzen müssen, ist es ratsam, das Brettchen von unten auf der Arbeitsplatte mit einem Nagel zu befestigen. Schlagen Sie den Nagel in die Arbeitsplatte und knipsen Sie den Kopf mit der Kneifzange ab. Dann können Sie das Brettchen darauf festdrücken. Diese Art der Befestigung ist besonders bei rund angelegten Kerbschnitten geeignet.
Mit der Kerbschnitztechnik lassen sich kleine und auch große Einrichtungsgegenstände sowie allerlei Dinge des täglichen Bedarfs verzieren, sofern sie aus Holz sind. Sinnvoll eingeplant, entspricht die Kerbschnitzerei durchaus dem modernen Empfinden für Form und Gestaltung.
Die Werkzeuge, mit denen Kerbschnitzereien angelegt werden, haben sich seit eh und je nicht geändert. So können Sie natürlich im Handel komplette Kerbschnittgarnituren kaufen, obwohl Sie für den Anfang mit dem Gaißfuß, einem kurzklingigen Kerbschnittmesser und einem schrägschneidenden Balleisen sehr gute Ergebnisse erzielen können.
Eine Einkerbung ist eine Vertiefung, ein flach ins Holz geschnittenes Zeichen. Meist treffen die Schnittflächen schräg ge-

▶ 2 Das Messer wird wie eine Schreibfeder sauber an der Bleistiftlinie entlang geführt. Der erste Schnitt bei diesem Rosettenmuster ist die mittlere Verbindungslinie, die, mit dem Lineal gezogen, die Zirkelform in zwei Hälften teilt.

neigt und scharfkantig aufeinander. Sie sollten jedoch beachten, daß zu steil oder zu eng eingeschnittene Kerben nicht gut aussehen und außerdem das Schnitzen erschweren.

Mit den Kerbeisen lassen sich regelrechte Bilder schneiden, wobei die Schnitzerei natürlich nicht aus einer Kerbenart alleine zu bestehen braucht.

Bevor Sie losschneiden, sollten Sie sich das Muster genauestens mit Bleistift und Lineal auf Ihr Werkholz aufzeichnen. Ornamente, Sternformen und gleichmäßige Blumenmuster konstruieren Sie mit dem Zirkel. Am schönsten wirken geradlinige Dreischnittreihen. Mit den normalen Schneidewerkzeugen können Sie sowohl ornamentale Vignetten als auch kleine Schmuckwände auf Gebrauchsgegenständen und Spielzeugen gestalten. Was Sie alles verzieren wollen, ist natürlich Ihrer Phantasie überlassen.

▶ 3 Der nächste Schnitt führt an der Zirkellinie entlang und hebt von Einstich zu Einstich die Kerbe aus. Bei sauberen Schnitten löst sich der Span ohne Nachschneiden sofort ab.

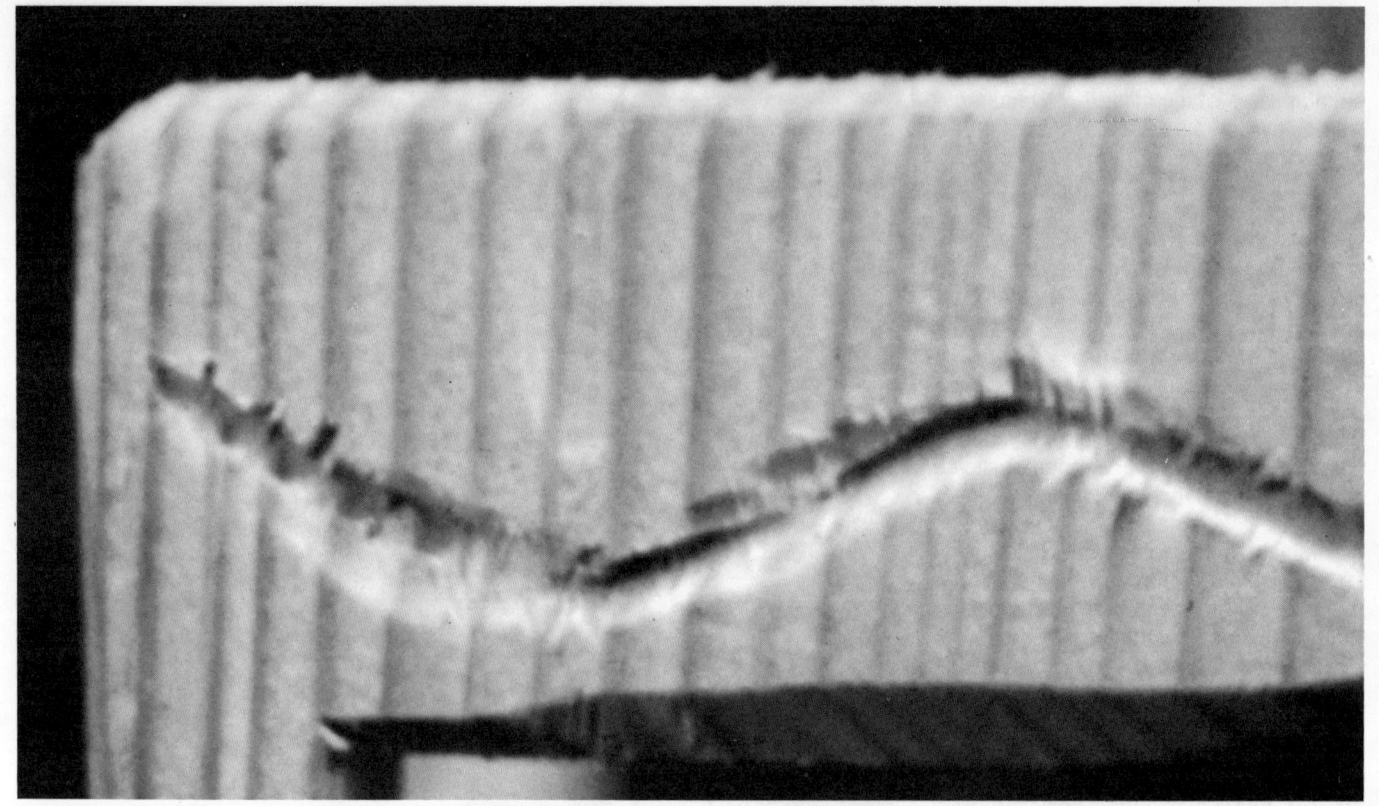

Ein Dreischnitt setzt sich zusammen aus zwei senkrechten Einstichen und einem Aushebeschnitt. Bei den senkrechten Einstichen hält man das Messerheft nach oben, schräg zum Holzbrett. Der Aushebeschnitt folgt dann von Einstich zu Einstich. Dabei müssen alle Schnitte in jeder Kerbe gleichmäßig tief ausgeführt sein.

Beim Aushebeschnitt wird das Messer mit der Klingenspitze am auslaufenden Schenkel des einen Einstichs angesetzt. Es soll ja ein Dreieck entstehen. Mit leich-tem Druck folgt nun die Klinge dem Einstich schräg nach unten. Sie muß allerdings sauber im rechten Winkel zum Einstich stehen. Folgen Sie dabei exakt Ihren Bleistiftlinien mit der Klinge nach, und zwar auf den zweiten Einstich zu. In dem Moment, wo die Schneide auf andere Einstichgrenzen trifft, muß das so gelöste Holzdreieck herausspringen. Sie haben dann die erste Dreischnittkerbe. Um sicher zu gehen, daß auch alle Stiche wirklich gleich sauber sind, schneiden Sie zu-

▲ 4 Langfaserige Hölzer brechen beim Kerben mit Hohleisen leicht aus, wenn das Werkzeug stumpf ist und die Schnittrich-tung nicht beachtet wird.

▶ Tafel Robust und originell sind Holz-spielzeuge mit Reliefschnitzereien.

56

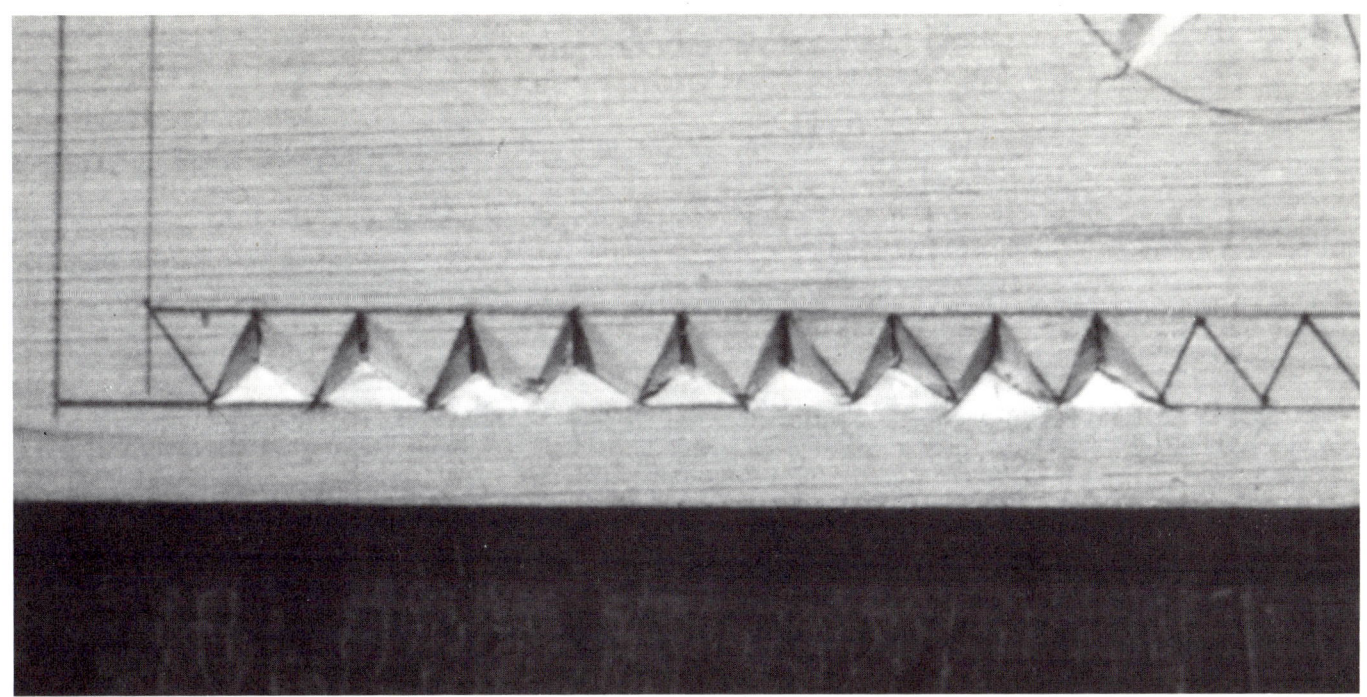

▲ **5** Eine Bandverzierung wird mit dem Lineal konstruiert. Die Einkerbung ist eine negativ ins Holz geschnittene Pyramide. Sie wird mit sechs Schnitten ausgehoben. Drei Schnitte führen von der Mitte des Dreiecks in je einen Winkel. Die drei anderen Schnitte heben je ein Holzdreieck entlang des Bleistiftstrichs aus. Die Aushebeschnitte werden schräg zur Mitte geführt (Pyramide).

◄ **Tafel** Reliefs sind in Holz geschnitzte Bilder, flächig und plastisch zugleich.

erst alle Linien einer Seite über die gesamte Länge der Verzierung und dann entgegengesetzt zurück. Als letztes können dann die Aushebeschnitte folgen. Dadurch erledigen Sie die gesamte Verzierung mit der gleichen Handhabung. Eine wirklich sauber ausgeführte Dreischnittreihe ist ein Schmuckelement, das sich aus immer weiteren Dreischnittreihen aufbauen läßt. Dabei können die Spitzen der Dreiecke gegeneinanderstehen, also auch versetzt in die entgegengesetzte Richtung. Es gibt Kombinationen aus Versetzungen, Winkeländerungen, Gegeneinanderstellen der vertieften oder erhabenen Elementteile.

Wie schon erwähnt, müssen Sternformen und andere rosettenförmige Ornamente mit dem Zirkel konstruiert werden. Für kleinere Arbeiten verwendet man den Nullenzirkel. Überhaupt ist eine genaue Vorzeichnung und Festlegung der Maße bei Schmuckbändern unbedingt erforderlich. Die frei aus der Hand geschnittene Phantasieflachschnitzerei braucht das nicht.

Reliefschnitzen

Grundsätzlich unterscheidet sich die Reliefschnitzerei nicht wesentlich vom Ornamentschnitzen. Beide werden gleichzeitig von der Fläche und von der Plastizität her bestimmt.

Zum Reliefschnitzen muß das Werkholz auf dem Tisch oder auf der Arbeitsplatte festgespannt werden, denn die Eisen werden hierbei frei aus der Hand auf dem Werkstück bewegt. Außerdem sollten Sie sich stets eine gute Aufsicht auf die Schnitzarbeit verschaffen, denn nur so können Sie Ihre Arbeit immer mit der Wirkung auf das Ganze betrachten und beurteilen.

Zur genauen Anordnung der Einzelbildteile ist bei einer figurenreichen Reliefidee natürlich eine genaue Entwurfzeichnung notwendig. Achten Sie schon beim Entwurf auf die Ausgestaltung der Räume innerhalb des Bildes (sehen Sie sich einmal an, wie Fotografen die Gruppenbilder von Sportlern oder Schulklassen gestalten). Leere Flächen sollten Sie vermeiden und die Formen im Bildraum mit Ihrem Gefühl für Ordnung und Gleichgewicht verteilen. Bildteile im Hintergrund sollen die Zwischenräume im Vordergrund ausfüllen. Die hoch, aber auch die tiefer liegenden Linien werden stets nur angedeutet, damit sich immer noch rechtzeitig Verbesserungen anbringen lassen, denn selbst nach dem Einschneiden der Umrißlinien von der Vorzeichnung sollten Sie sich nicht so endgültig schnell festlegen.

Versuchen Sie zum Anfang zu starke Vertiefungen oder Ausladungen zu vermeiden. Dominierend ist die Seitenansicht. Frontale Darstellungen kommen allerdings

nur selten vor. Die Figuren im Vordergrund schnitzt man proportional größer und stärker aus; die weiter hinten liegenden werden dann immer kleiner, bis sie schließlich nur noch ganz flach erscheinen. Die Per-

▲ 6 Das Reliefmotiv wird von der Vorlage auf ein Pergament übertragen. Die Skizze soll zunächst nur die Elemente enthalten, die für die Anlage des Bildes gebraucht werden.

spektive des Hintergrundes soll kulissenhaft aufgebaut sein. Damit ist festgelegt, daß es keine perspektivischen Verkürzungen gibt. Arme und Beine von Figuren sind immer seitlich nach vorn oder hinten ausgestreckt.

Erst wenn Sie die grobe Hauptform des Reliefs festgelegt haben, können Sie mit der Feinarbeit beginnen: dem plastischen Herausarbeiten der Details. Leichte Schnitzspuren dürfen Sie stehenlassen. Sie machen den Reiz des Selbstgemachten aus.

▶ 7 Durch Übereinanderlegen weiterer Blätter kann die Zeichnung durch Pausen vereinfacht oder nach der eigenen Vorstellung komplettiert werden.

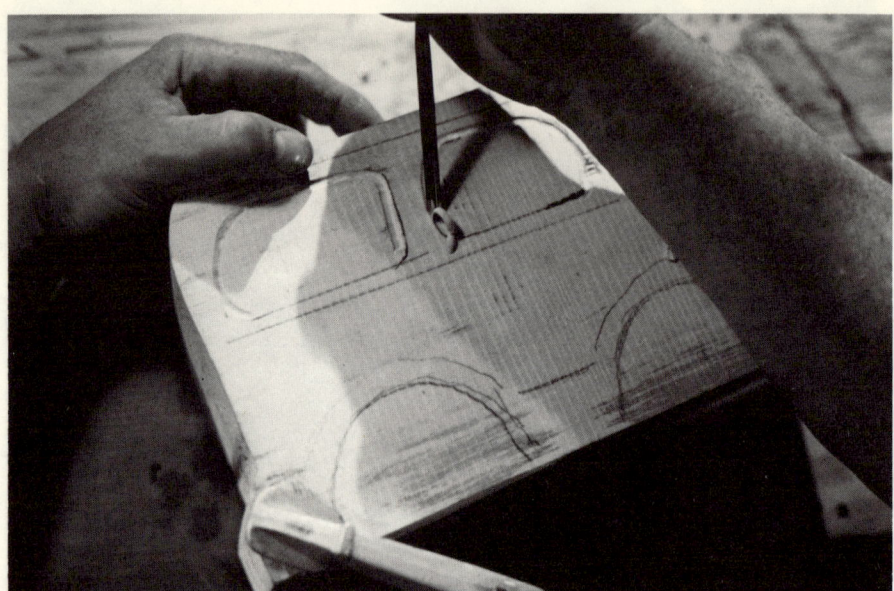

◄ **8** Die fertige Skizze wird auf das Holzstück gepaust. Dazu kann handelsübliches Pauspapier verwendet werden, oder man schwärzt die Rückseite des Pergamentpapiers an den Strichen entlang ein.

◄ **9** Soll das Relief Teil einer Plastik sein, rundet man mit dem Messer zuerst die Kanten des Werkstückes.

▶ **10** Die im Bildvordergrund liegenden Elemente werden eingezeichnet und ebenfalls mit nicht zu tiefen Schnitten an den Konturen freigelegt. In die tiefer liegende Ebene können dann weitere Einzelheiten eingearbeitet werden.

▶ **11** Aushöhlungen, die man nicht korrigieren muß, werden sofort mit der groben Anlage aller Elemente ausgestochen. Das erleichtert die Übersicht bei der Anbringung weiterer Details. Der Gesamteindruck bestimmt in jeder Phase die Weiterentwicklung.

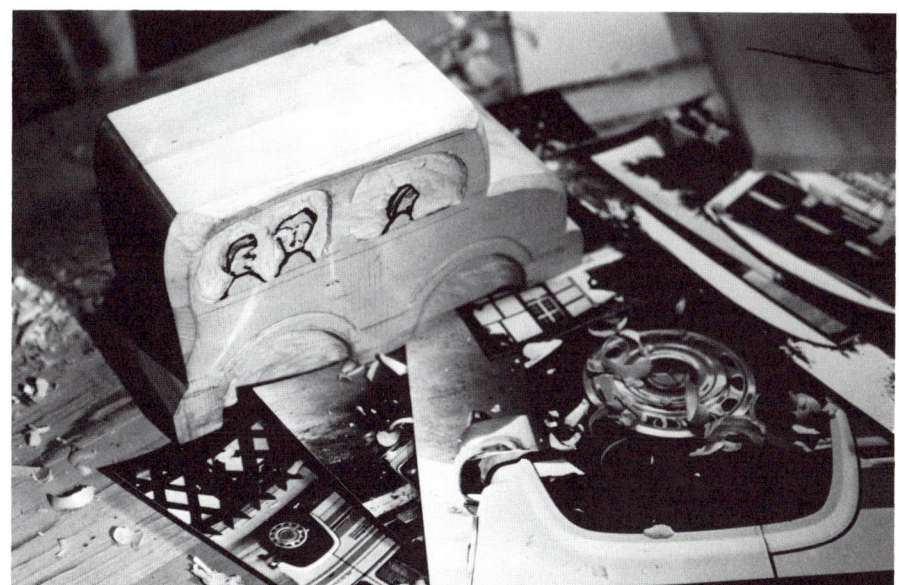

12 Diese bei der Figurengestaltung bewußt naiv angelegte Reliefschnitzerei ist bis ins Dach hinein vom Spiel mit den Eisen geprägt.

Mit Reliefschnitzerei verzierte Kinderspielzeuge sind ein anregendes Betätigungsfeld auch für fortgeschrittene Schnitzer.

Plastisches Gestalten

Das Herausschlagen einer Form aus den harten Materialien Stein oder Holz sowie das aufbauende Gestalten aus Wachs, Ton, Gips oder anderen Materialien bezeichnet man als Bildhauerei. Und beides gehört arbeitstechnisch in den Bereich des plastischen Gestaltens.

Das Ausgangsmaterial ist immer die Masse, die greifbare Substanz, die mit Händen und Werkzeugen plastisch, körperhaft verändert wird. Dies geschieht entweder durch flächiges Abtragen oder durch Aushöhlungen.

▶ **1** Mit den Schnitzeisen wird in erster Linie Holz abgetragen. Alles in allem soll natürlich etwas Plastisches entstehen. Aber die Spuren, die die Eisen ins Holz graben, geben dem Werkstück eine bewegte Oberflächenstruktur, die sich in Einstichkanten und Schnittflächen einteilen lassen.

Eine größere geschnitzte Fläche (Hauptschnittfläche) ist die Stirn- und Wangenpartie.

Hauptschnittkanten sind die Augenbrauen, Nasen- und Mundpartie.

Viele Werkstoffe verlangen geradezu nach einer Umgestaltung beziehungsweise Umbearbeitung. Besonders häufig findet man das im Holz, aber auch in manchen Steinen. Sie wollen gewölbt oder gehöhlt werden. Höhlungen schaffen Raum, denn sie entziehen dem Körper Substanz. Mit konsequentem Aushöhlen wird das Material sozusagen entkörperlicht. Das läßt sich soweit treiben, bis von der Körpernatur eines Holzklotzes nur noch die Konturen stehen. Aus einem massiven Klotz ist dann eine leichte, durchsichtige Figur geworden. Die Wölbung hingegen vermittelt den Eindruck eines geschlossenen, kräftigen Körpers, der nur durch eine Vertiefung unterbrochen oder geschwächt werden kann. Der Eindruck des Massiven ist dann wieder aufgehoben.

Beim plastischen Formen gestaltet das Auge zusammen mit der Hand und den Werkzeugen. Die Hände modellieren und begreifen prüfend, sie kreisen die Form ein, nehmen ihre Gestalt auf und leiten das Begriffene an den Verstand weiter. So beginnt jedes Vorhaben mit der Urform, bei der sich Material und Vorstellung gegenüberstehen.

Sobald Sie mit der Arbeit beginnen, leiten Sie den Schritt von der Urform zur Grundform Ihres Gestaltungsvorhabens ein. Die Idee bekommt eine sichtbare, wenn auch zuerst noch rohe Form.

Die einfachsten Grundformen aller Körper finden sich in der Natur als Würfel, Pyramide, Kugel oder Zylinder. Diese Regelmäßigkeiten vermitteln den Eindruck von Zucht und Ordnung. Das gilt übrigens auch für Formen, die scheinbar ohne Regeln sind und trotzdem, oder gerade deswegen, die Inspiration anregen. Diese Grundformen sind Ihre natürlichen Vorbil-

der, deren phantastische Vielfalt Sie nachahmen dürfen.

Der Ehrgeiz aber, andere Leitbilder nachzuahmen und daraus zu lernen, blockiert das Vertrauen zu den eigenen Fähigkeiten. Darin liegen in den häufigsten Fällen die Gründe, weshalb sich viele begabte Menschen für unbegabt halten. Doch das Schöpferische (Kreative) ist jedem Menschen angeboren. Wenn Sie sich darauf nicht rechtzeitig besinnen, werden Sie nur nachahmen und trotz Fleiß und Übens nie die Fußstapfen Ihres Vormachers verlassen. Vertrauen Sie jedoch zunächst mehr dem zweckfreien Spiel. Zufall und Improvisationen bringen die schönsten Ideen hervor. Sie beflügeln die Gestaltungsfreude und lassen die schöpferische Phantasie frei werden.

Über das Handwerkliche beim figürlich formenden Schnitzen ist nicht viel zu sagen, denn die Arbeitsgänge sind eigentlich recht einfach. Im Wesentlichen läßt sich die formende Arbeit in zwei Abschnitte unterteilen: 1. grobes Zurichten und 2. plastisches Ausarbeiten.

Das grobe Zurichten der Form geschieht jeweils mit der Handsäge. Das folgende plastische Ausarbeiten mit den Messern und den Stecheisen. Sollen die Plastiken glatt geschliffen sein, benutzt man hinterher noch Raspel, Feile und Sandpapier.

Im folgenden werden Sie nun die Techniken kennenlernen. Sie werden sehen, daß es nicht notwendig ist, großartige, künstlerische Entwürfe auszuarbeiten, denn Sie werden nie ganz umhinkommen, bei Ihrer Arbeit ständig zu korrigieren und Ihre Bildidee dem Charakter des Holzes anzupassen. Sie müssen sich schulen, die zu bildende Form in das Holzstück hineinzusehen. Wenn Sie darin genügend Erfahrung

haben, werden Sie sich nie mehr von vornherein auf ein bestimmtes Endergebnis festlegen. Die Gestaltung steht im Vordergrund, nicht das pingelige Ausschnitzen nutzloser Details. Bemühen Sie sich bei allem was Sie schnitzen um eine knappe, aber wesentliche Form. Es ist jedoch nicht nur die Form, die den Wert und die Schönheit einer Schnitzerei ausmacht, sondern auch die Eisen und die Technik; sowohl Eisen als auch Technik beeinflussen ganz entscheidend den Charakter Ihrer Holzschnitzerei. So können Sie eine Skulptur beleben oder sie ausdruckslos wirken lassen.

Beim Schnitzen bilden sich nämlich auf der Holzoberfläche Einschnitthöhlungen. Sie machen zusammen mit der Maserung des Holzes den Reiz einer Schnitzerei aus, sofern die Oberfläche nicht hinterher mit Raspel, Feile oder Sandpapier geglättet werden soll. Legen Sie großflächige und kleinkerbige Schnitte in lebendigen Wechsel je nach Gestaltungsabsicht in jeder Schnitzerei nebeneinander. Zusammengenommen ergeben alle Schnittflächen – das ist das, was die Eisen wegnehmen – und alle Schnittkanten – was die Eisen beim Schneiden stehenlassen – die Oberflächengestaltung. Für Ihre Gestaltungsarbeit mit dem Werkstoff Holz sollten Sie sich die Unterschiede zwischen Schnittfläche und Schnittkante einprägen.

Die Hauptschnittfläche ist die Fläche, auf der geschnitten wird. Auf ihr können viele Schnittflächen und Schnittkanten liegen. Zum Beispiel die Stirnpartie einer Maske vom Haaransatz bis zu den Augenbrauen ist eine Hauptschnittfläche. Die Hauptschnittkante ist ein plastisches Element. Sie bestimmt die Umrisse einer Form.

Figurenrohlinge aus dem Brett

Aus dem Brett gesägte Figuren haben noch keinen vollplastischen Charakter. Sie wirken flächig, obwohl sie, je nach Stärke des Brettes, schon eine körperhafte Vorform haben. Die einfache Brettsägefigur ist handwerklich eine geeignete Vorstufe zur plastischen Gestaltung mit dem Schnitzmesser.

Als Ausgangsmaterial können die verschiedensten Holzreste verwendet werden. Dübelrundholz, Leistenholz und sogar hölzerne Gardinenkugeln, sofern sie nicht zu hart sind, lassen sich mit dem Schnitzmesser modellieren. Der erste Schritt zum Gelingen einer guten Schnitzarbeit ist immer eine Vorzeichnung. Sie erleichtert das nachfolgende plastische Ausarbeiten der Form mit den Schnitzwerkzeugen erheblich. Wenn der Gegenstand ein Spielzeug für Kinder werden soll, so achten Sie schon bei der Vorzeichnung auf eine kompakte Gestalt mit einer klaren Seitenansicht. Sobald Sie die wesentlichen Umrißlinien auf Papier fertig entworfen haben, schneiden Sie das Modell aus und übertragen es auf ein Stück schwarze oder dunkel getönte Pappe. Drehen Sie die Pappschablone vor Licht von links nach rechts oder betrachten Sie sie vor dem Spiegel. Durch diesen einfachen Trick erscheint Ihnen Ihre eigene Arbeit fremd. Das regt zur erneuten Kritik an und entwickelt den Sinn für Proportionen. Entspricht die Pappschablone Ihren Vorstellungen, dann legen Sie sie auf das Werkholz. Beim Übertragen des Entwurfs auf das Brett ist darauf zu achten, daß

dünne, feine Teilstücke einer Figur, wie Beine und Arme oder der Schweif eines Tieres, in Faserrichtung laufen, weil sie sonst beim späteren Beschnitzen leicht abbrechen.

Je nach Stärke der Bretter arbeiten Sie entweder mit einem starken Laubsägeblatt, oder Sie trennen bei dicken Bohlen die Form mit der Schweifsäge aus. Danach runden Sie mit dem Schnitzmesser großzügig die Kanten ab. Wenn es für Ihre Gestaltungsabsicht notwendig ist, model-

▲ **2** Holzplastiken lassen sich auch stückweise aus Resten herstellen. Man sägt den Körper einer Figur nach Vorzeichnung mit der Schweifsäge aus dem Brett.

▲ **3** Mit dem Schnitzmesser wird nach dem Prinzip des Freihandschnitzens die grobe Form herausgearbeitet. Die Stellen, an denen weitere Einzelteile angefügt werden sollen, bleiben glatt. Dann leimt man die aus dünneren Brettchen gesägten Teilen an (haltbarer ist zusätzliches Dübeln).

lieren Sie später mit dem Stecheisen weiter aus. Ebenso bleibt Ihnen der Einsatz zusätzlicher Werkzeuge selbst überlassen. Zu beachten ist nur, daß Brettsägefiguren nicht zu detailüberladen angelegt werden. Sollten Sie die Absicht haben, eine Serie gleicher Tiere oder Figuren herstellen zu wollen, übertragen Sie die Schattenrißvorlage mit Kohlepapier mehrmals nebeneinander auf das Brett. Nehmen Sie nicht die ausgesägten Formen, sie könnten vom Original bereits abweichen.

◄ **4** Nachdem die Einzelteile angeleimt und abgetrocknet sind, können sie mit dem Schnitzmesser bearbeitet werden. Bei Resten ist es nicht immer möglich, feine Einzelteile in Faserrichtung anzulegen, dann müssen sie vor dem Anleimen beschnitzt werden. Sie lassen sich so besser in der Hand bewegen.
Nicht in Faserrichtung laufende Einzelteile einer Plastik sind generell empfindlicher gegen Bruch. Das ist besonders bei der Herstellung von Kinderspielzeug zu beachten.

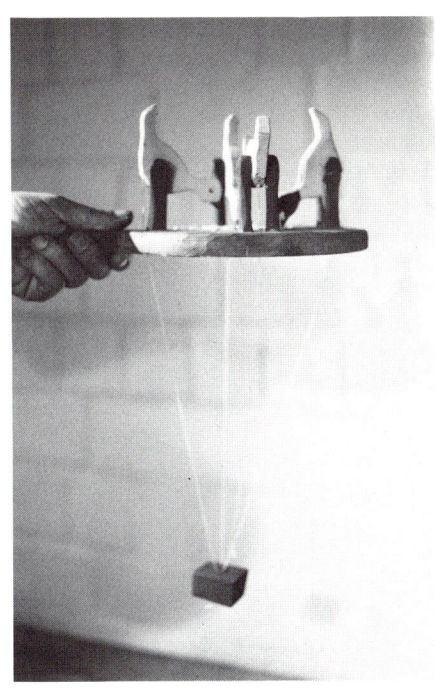

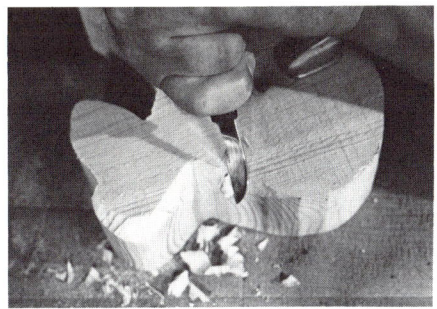

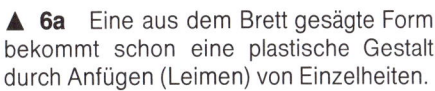

▲ **6a** Eine aus dem Brett gesägte Form bekommt schon eine plastische Gestalt durch Anfügen (Leimen) von Einzelheiten.

▲ **6b r.** Wird die Figur dann zusätzlich mit dem Schnitzeisen weiter bearbeitet, kann sie ihren massiven „richtigen" Charakter verlieren. Es fehlt dem Brett für das modellierende Schnitzen die Substanz. Ein einfaches Brechen der Sägekanten mit dem Schnitzmesser (oder einem Stecheisen) läßt die Form runder und geschlossener erscheinen.

▼ **7** Nach dem gleichen System ausgesägte Bohlen (dicke Bretter) wirken kompakter. Die Seitenansicht der Figur ist auf das Wesentliche reduziert und daher gut erkennbar. Die Kanten sind mit dem Schnitzmesser vorgeformt. Größere Werkstücke werden auf der Arbeitsplatte mit Schraubzwingen festgespannt. Die Ausmaße der Figur zur Dicke der Bohlen deuten darauf hin, daß sie noch weiter ausgeformt werden kann.

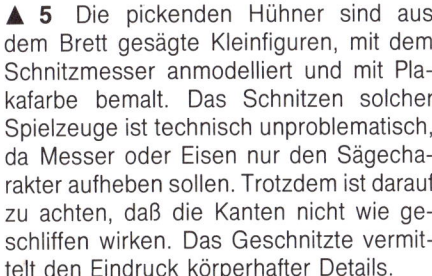

▲ **5** Die pickenden Hühner sind aus dem Brett gesägte Kleinfiguren, mit dem Schnitzmesser anmodelliert und mit Plakafarbe bemalt. Das Schnitzen solcher Spielzeuge ist technisch unproblematisch, da Messer oder Eisen nur den Sägecharakter aufheben sollen. Trotzdem ist darauf zu achten, daß die Kanten nicht wie geschliffen wirken. Das Geschnitzte vermittelt den Eindruck körperhafter Details.

◄ **9** Geschnitztes ist nicht nur die statische Holzplastik. Auch aus kleinsten Holzresten läßt sich mit dem Schnitzmesser witziges Spielzeug herstellen. Die Marionette hat körperhafte Einzelheiten, zusammengefügt wirken die Elemente organisch und geplant. Gestaltet ist sie nach dem Prinzip der ersten Schnitzübungen, bei denen es auf Erkennbarkeit nicht ankommt.

▲ **8** Die harte Einkerbung am Schnabel der Entenfigur wird mit dem Gaißfuß geschnitten. Alle anderen Schnitte macht man mit einem breiten Hohleisen, damit Oberfläche und Gesamtform den weichen Charakter der Plastik unterstützen.
Aus Brett oder Bohle geschnitzte Holzspielzeuge brauchen nicht den gezielten Feinschnitt. Allein das Beschnitzen des Holzes gestaltet die Oberfläche und regt die Phantasie an, Details zu erkennen.

► Tafel Spielzeuge für Kinder sollen robust sein und nicht zu detailliert ausgeformt.
Brettsägefiguren sind einmal gute Trainingsobjekte für das vollplastische Schnitzen, setzen aber schon einige Übungsstunden mit den Schnitzeisen voraus.

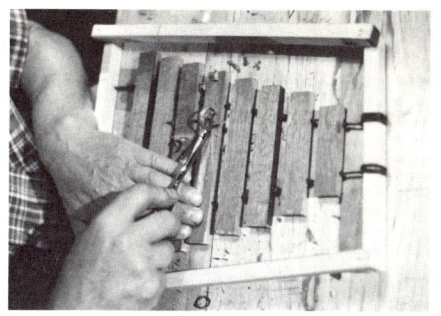

▲ 10 Holz ist elastisch. Damit hat es die Eigenschaft zu klingen. Je härter eine Holzart ist, desto kürzer schwingt sie – desto höher klingt sie. Die Reinheit der Töne läßt sich mit dem Hohleisen vervollkommnen.

Man hebt von hinten aus dem Stab so viel Holz ab, bis der gewünschte Ton sauber erklingt (ständig kontrollieren). Je mehr Holz weggenommen wird, desto dunkler wird der Ton. Der Stab bekommt durch die Aushöhlung eine größere Oberfläche. Er wird akustisch – sinngemäß – verlängert. Die klanggerechte Aufhängung (und astfreies Holz) der Stäbe ist Voraussetzung. Rechnerisch findet man die Bohrung, indem man 22 Prozent von der Gesamtlänge nach innen abmißt. Ist der Stab beispielsweise 300 mm lang, so bohrt man die Löcher 22 × 3 mm = 66 mm von den Enden nach innen.

Palisander ist das beste Holz für ein Xylophon. Geeignet sind auch Nußbaum, Ahorn, Fichte und Tanne.

▲ 11 Die Fahrgäste in diesem einfachen Kistenbrettauto sind von einem Rundstab gesägt und mit dem Schnitzmesser grob, aber körperhaft anmodelliert. Sie stellen bereits eine gute Vorstufe einfacher, plastischer Schnitzerei dar. Der fertige Rundholzstab legt allerdings die Ausmaße solcher Figürchen fest.

◄ Tafel An der Vorderachse des Pferdes ist eine Nocke, die ein Brettchen, das in der Mitte längs auf beiden Achsen liegt, beim Rollen anhebt. Dabei wird der Stab, auf dem der Reiter „sitzt", hochgedrückt. Ein einfacher Mechanismus und ein originelles Holzspielzeug (sie sind heute rar geworden). Die Hölzer lassen sich auch nach dem Verleimen noch mit dem Schnitzmesser bearbeiten.

Spielzeuge zum Tasten und Greifen

Vergleichbare glatte, handliche Elementarformen wie Kieselsteine im Flußbett, die man oft aus einem spontanen Gefühl für interessante griffige Formen aufhebt, gibt es in Holz nicht.

Aber aus Holzresten lassen sich solche Stücke mit etwas Geschick leicht herstellen. Eiche, Palisander und Nußbaum sind dazu besonders geeignet wegen ihrer festen Struktur und ihres dichten Materialgefüges. Natürlich kann es auch eine ungewöhnlich geformte Wurzel sein, bei der sich Vollformen und Hohlformen zufällig gegenüberstehen. Aber verlieben Sie sich nicht in Details. Die beste Lösung ist die, die die Form großzügig und geschlossen erscheinen läßt. Bereinigen Sie den Klotz oder die Wurzel zuerst von allem überflüssigen Mulm, bis Sie auf feste Substanz stoßen. Dann erst kommen die Stecheisen zum Einsatz. Arbeiten Sie sich mutig in die Form hinein, auch wenn dadurch die ursprüngliche Gestalt des Materials verloren geht. Das soll jedoch nicht heißen, daß Sie mehr vom Klotz wegnehmen dürfen, als für die Formgebung unbedingt erforderlich ist.

◀ **12** Tastformen bestechen durch ihren geschlossenen körperhaften Aufbau auch bei schlanken Gebilden (Studentenarbeit).

▶ **13** Die Form wird direkt auf einen Holzklotz gezeichnet. Sie soll aus einer klaren Umrißlinie bestehen – ohne Details.

Gehen Sie beim Gestalten dieser Gegenstände zunächst immer davon aus, daß es eigentlich nicht auf Erkennbarkeit ankommt, wenngleich es ganz natürlich ist, daß man etwas erkennen will und mit einer bereits bekannten Form zusammenbringen möchte: Sie werden bei Kindern, aber auch bei Erwachsenen beobachten, daß sie die von Ihnen geschaffenen Gebilde tastend erleben und begreifen wollen. Denn die Erfahrung des Tastens läßt uns unsere Umwelt im wahrsten Sinne des Wortes begreifen. Ein zum Anfassen und Betasten gemachter Gegenstand wird Sie natürlich auch zwingen, die richtige Oberflächenbehandlung für ihn zu finden. Sie unterstützt nämlich den Charakter des Werkstückes erheblich.

▶ **14** Mit Fuchsschwanz und Stichsäge wird das überflüssige Material grob von der Form getrennt.

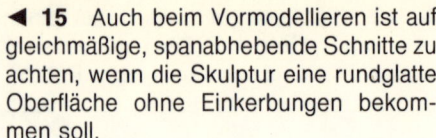 **15** Auch beim Vormodellieren ist auf gleichmäßige, spanabhebende Schnitte zu achten, wenn die Skulptur eine rundglatte Oberfläche ohne Einkerbungen bekommen soll.

◀ **16 u. l.** Die Vertiefungen mit dem Hohleisen müssen in einem ausgewogenen Verhältnis zu den verbleibenden Wölbungen stehen.

▼ **17** Mit Raspel, Feile und Sandpapier werden die Schneidespuren der Eisen beseitigt, bis die Form eine streichelglatte Oberfläche hat.

▶ **18** Klarheit in der Komposition der Skulptur ist wichtiger als das Herausarbeiten wirklichkeitsgetreuer Einzelheiten (Studentenarbeit).

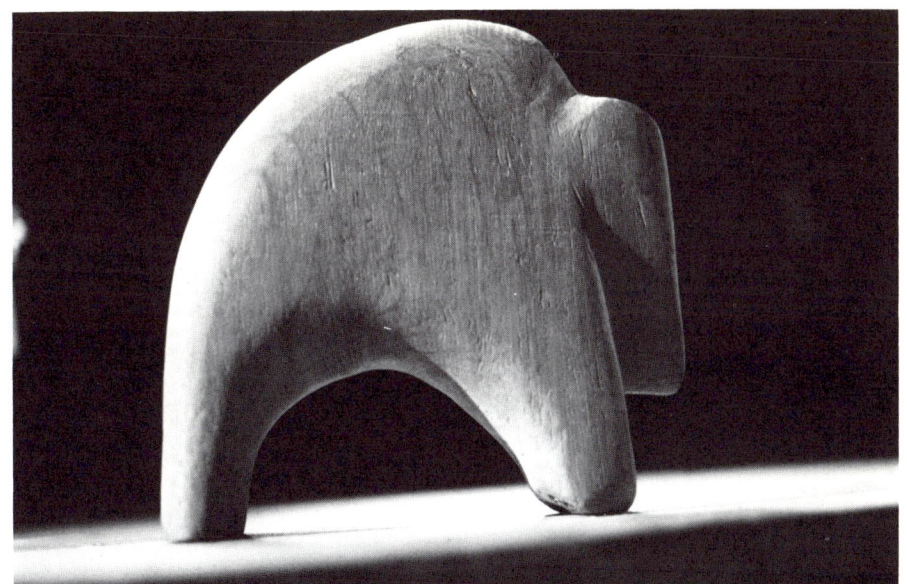

▶ **19** Details würden den Aufbau stören und aus dem Gleichgewicht bringen. Eine einmal fixierte Form sollte nicht dadurch wieder aufgegeben werden, indem man charakterfremde Aushöhlungen aus ihr herausschnitzt (Studentenarbeit).

Hohlformen gestalten

Schalen, Löffel, Schaufeln, Schiffchen sind Gegenstände mit einer Aushöhlung. Aus dieser Höhlung ergibt sich ihr Gebrauch und Nutzen, aber auch ihre Form. Ausgehend von diesem Prinzip müssen alle Hohlformen von der Aushöhlung her angelegt werden.

Nachdem Sie die Form auf Papier entworfen haben, übertragen Sie die Umrisse der Zeichnung auf das Holz. Die Zeichnung sollte den äußeren Rand der endgültigen Form schon exakt festlegen, damit Sie beim Aushöhlen nicht zu weit nach außen kommen, dadurch würden Sie die Ebenmäßigkeit der gesamten Form aus den Augen verlieren. Spannen Sie nun den Holzklotz mit Schraubzwingen an der Arbeitsplatte oder auf dem Küchentisch fest, und achten Sie darauf, daß er fest und waagerecht liegt.

Als Werkzeuge zum Aushöhlen oder Gründeln benutzen Sie die scharfgeschliffenen Hohleisen. Stechen Sie kräftig zu, grobe Schnittspuren können später geglättet werden. Nach dem geraden Hohlei-

▲ **21** Mit dem Hohleisen (Breite je nach Aushöhlung) wird die Innenform ausgestochen.

◄ **20** Die Innenform wird auf ein Papier gezeichnet, ausgeschnitten und auf das Werkstück übertragen. Danach legt man den äußeren Rand fest. Das Papiermodell wird in der Mitte gefalzt und der Randstreifen weggeschnitten. Die Schablone wird über den Rand des Werkstückes geknickt. Sie kann auch mit Klebeband fixiert werden.

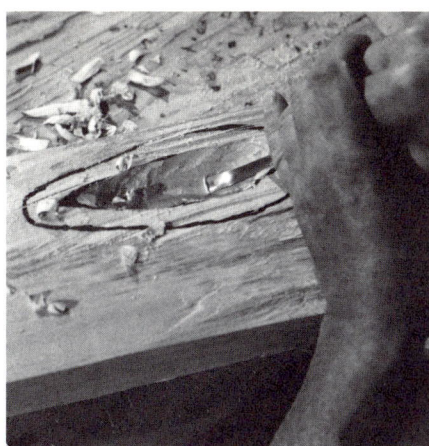

▲ 22 Sobald die geraden Hohleisen keine sauberen Späne mehr abheben, nimmt man das gekröpfte Hohleisen.

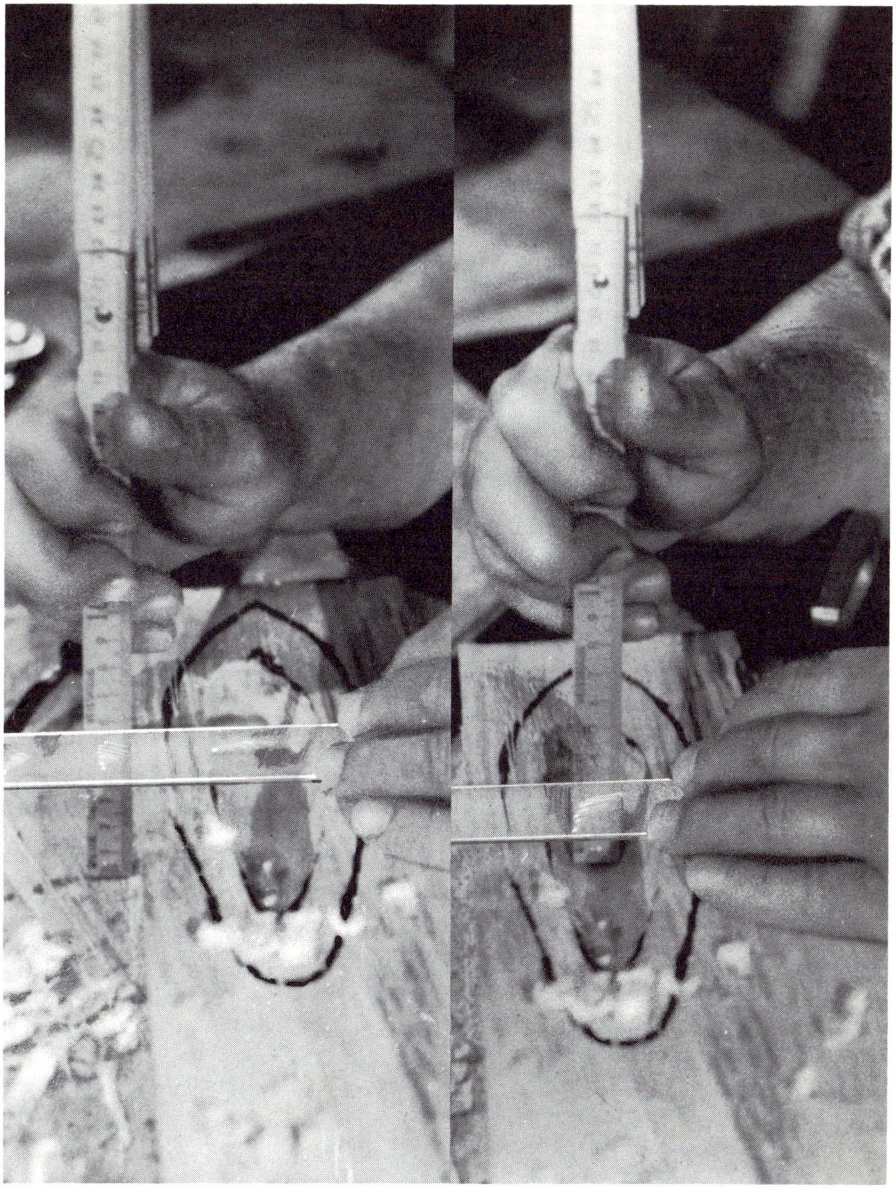

▶ 23 Die Tiefe der Aushöhlung stellt man mit einem Zollstock und einem Lineal fest. Die Dicke des Werkstückes wird mit der Tiefe der Aushöhlung verglichen.

◀ **24** Die äußere Form wird mit der Säge der Innenform angepaßt.

sen hilft für die tieferliegenden Aushöhlungen das gekröpfte Hohleisen weiter.

Haben Sie tief genug ausgehöhlt, lösen Sie den Klotz wieder von der Arbeitsplatte und sägen Sie mit dem Fuchsschwanz die gröbsten Kanten zur Aushöhlung hin ab. Damit passen Sie sie schon weitgehend der Innenform an. Danach spannen Sie das Werkstück umgekehrt, also mit dem Boden der Hohlform nach oben wieder auf der Arbeitsfläche fest. Dann beginnt die Anpassung der Außenform an die Aushöhlung und zwar durch Abstechen mit dem Stecheisen oder Abschneiden mit dem Schnitzmesser. Eine gleichmäßige Tiefe und Wandstärke erreichen Sie auf zweierlei Art: mit dem Zentimetermaß oder durch Betasten, wenn Sie schon einige Übung im Gründeln haben. Die Endphase der äußeren Formgebung leiten Sie dann mit Raspel und Feile ein. Zum guten, gelungenen Schluß glätten Sie Ihre Arbeit fein mit Sandpapier. Zum Aushöhlen und Gründeln hervorragend geeignete Hölzer sind Birne, Walnuß, Eiche, Kirsche und Esche.

◀ **25** Arbeiten Sie sich mit den Hilfswerkzeugen so nah wie möglich an die Innenform heran.

▲ **26** Sägekanten werden mit den Schnitzeisen weggeschnitten.

▶ **27** Soll die Hohlform eine rundglatte Außenfläche bekommen, wird sie mit Raspel, Feile und Sandpapier geputzt.

28 und **29** Die Wandstärke einer Hohlform richtet sich nach dem Objekt. Sie fällt
bei einer Salatschüssel feiner aus, als bei
einem Kinderspielzeug.

Masken und Gesichter

Beginnen Sie Ihre Arbeit mit der einfachen Darstellung eines Gesichtes, das Sie vorher auf Papier gezeichnet haben. Verwenden Sie die gelungenste Skizze. Für den Anfang gilt, je einfacher die Zeichnung, desto sicherer wird eine Maske daraus. Was an Ausdruck alles möglich ist, können Sie anhand von Fotos oder Zeichnungen von Menschen studieren, die mit etwas beschäftigt sind und darüber ganz vergessen, ihren Gesichtsausdruck zu kontrollieren. Ihr innerer Zustand zeigt sich in ihrem Gesicht.

Das geeignete Anfängermaterial ist Lindenholz. Sägen Sie den Holzklotz auf die gewünschte Größe zu, und legen Sie ihn dabei schon so an, daß er nach oben hin leicht gewölbt ist. Dann übertragen Sie Ihre Vorzeichnung auf das derart vorbereitete Holzstück. Mit dem geraden Hohleisen schneiden Sie nun zügig die Augen- und Nasenkante. Je eine Kerbe auf jeder Seite des Gesichtes, die die Augenhöhlen markieren, und dann nach unten weiter bis zur Mundlinie führen. Dadurch entsteht auch der Nasenrücken. Er soll während der groben Anlage zunächst in voller Höhe stehenbleiben. Als nächstes schnitzen Sie mit dem Messer oder dem geraden Flach-

---

▶ **30** Je einfacher die Vorzeichnung auf Papier ist, desto sicherer wird eine Maske daraus. Die Papierschablone wird auf einen Holzklotz, der nach oben gewölbt sein soll, übertragen. Zuerst nur die wichtigsten Linien: Augen, Nase, Mund.

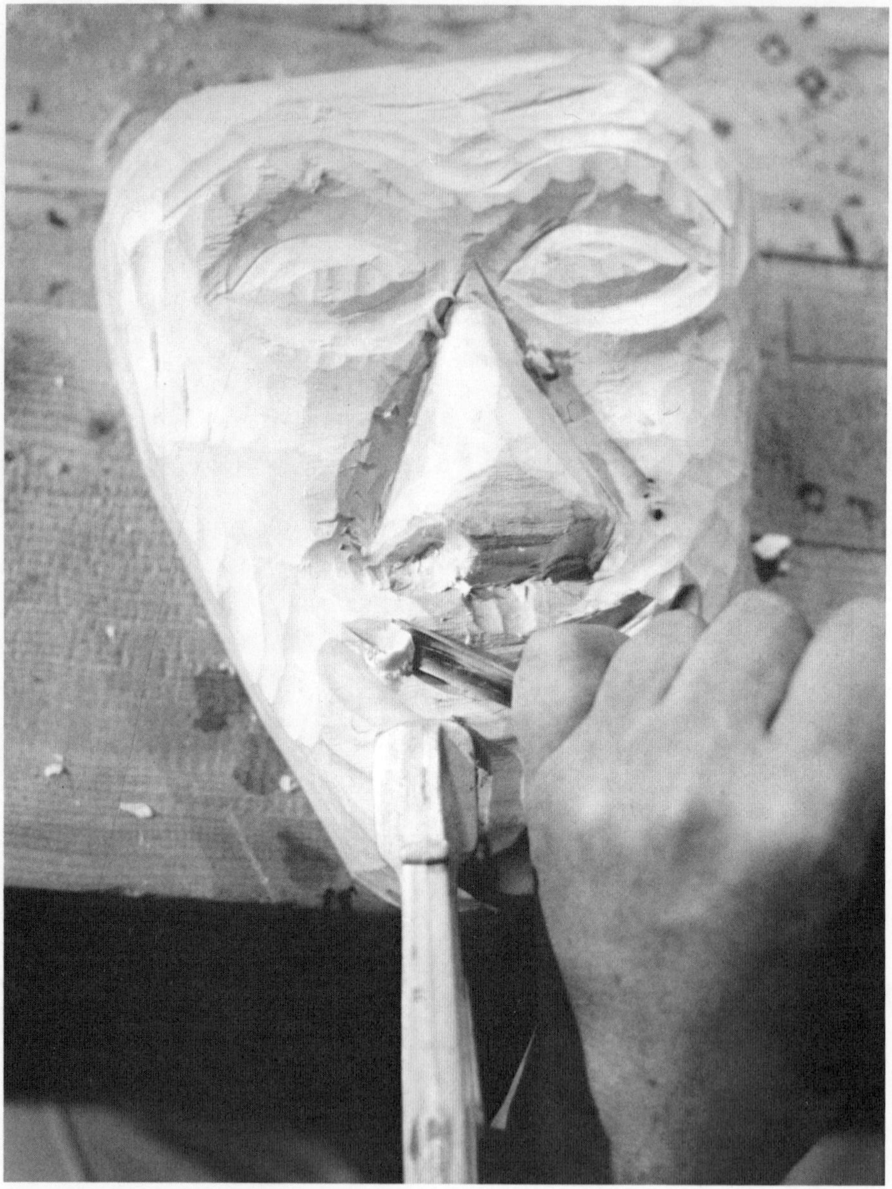

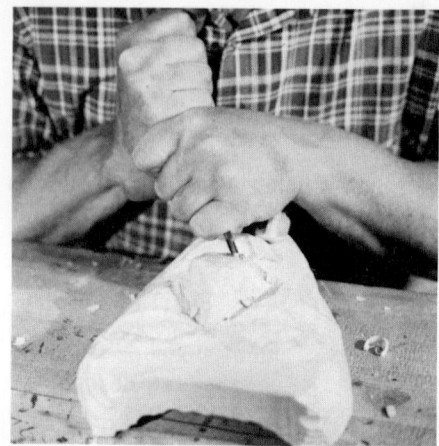

▲ **31** Die gezeichneten Elemente werden beim groben Anlegen zunächst in voller Höhe stehengelassen. Das Material um die Elemente herum wird grob mit dem Hohleisen weggestochen. Die Hinterseite der Maske sticht man vorher so weit es geht aus.

▶ Tafel Das plastische Element einer Hohlform ist seine Aushöhlung. Durch sie bekommt ein Gegenstand seinen typischen Charakter.
Vor dem endgültigen Ausschnitzen muß die Rückseite einer Maske soweit als möglich ausgehöhlt werden.

◀ **32** Eine Maske kann bereits in jeder Herstellungsphase ein fertiges Stück sein. Die Bearbeitungswerkzeuge und ihr Schnittcharakter bestimmen den Ausdruck. Jeder Einstich soll so angelegt sein, daß er keiner Korrektur bedarf.

eisen alles überflüssige Material zwischen äußerer Gesichtshälfte und Nase bis zum Kinn hinunter weg. Das ist dann schon eine modellierende Arbeit, die Sie jederzeit unter Kontrolle halten müssen.

Die Augen-Nasen-Kante ist der wichtigste Schnitt beim Maskenschnitzen. Durch ihn entsteht in der Klotzoberfläche sofort ein Gesicht. Die feineren Partien müssen Sie allerdings exakt markieren; vor allem die Nasenflügel, Lid- und Wangenwülste, Lippen und Kinn. Die Augen werden durch Einkerbungen in die Augenhöhle mit dem Hohleisen angelegt. Für das feinere Ausarbeiten der Pupillen benutzen Sie dann das Schnitzmesser. Es ist selbstverständlich, daß Sie während der Gesamtarbeit die Schnittrichtung und Haltung der Eisen mehrfach ändern müssen. Schneiden Sie aber nie zaghaft, sondern kerben Sie kräftig ein, denn alle überflüssigen Materialwülste müssen breit abgehoben werden. Das macht ein Gesicht markant.

Zum Schluß sollten Sie die Maske, soweit das möglich ist, von hinten aushöhlen. Das verhindert ein späteres Aufreißen der Holzoberfläche. Wenn Sie mit frischem Holz arbeiten, haben Sie das natürlich bereits vorher besorgt, um Trockenrisse zu vermeiden. Danach glätten Sie die Oberfläche mit Sandpapier, aber nur, wenn es Ihrer Gestaltungsabsicht entspricht.

▼ **33** Zum feinen Ausarbeiten ist es ratsam, zwischen Werkstück und Schraubzwinge einen Korken mit einzuspannen.

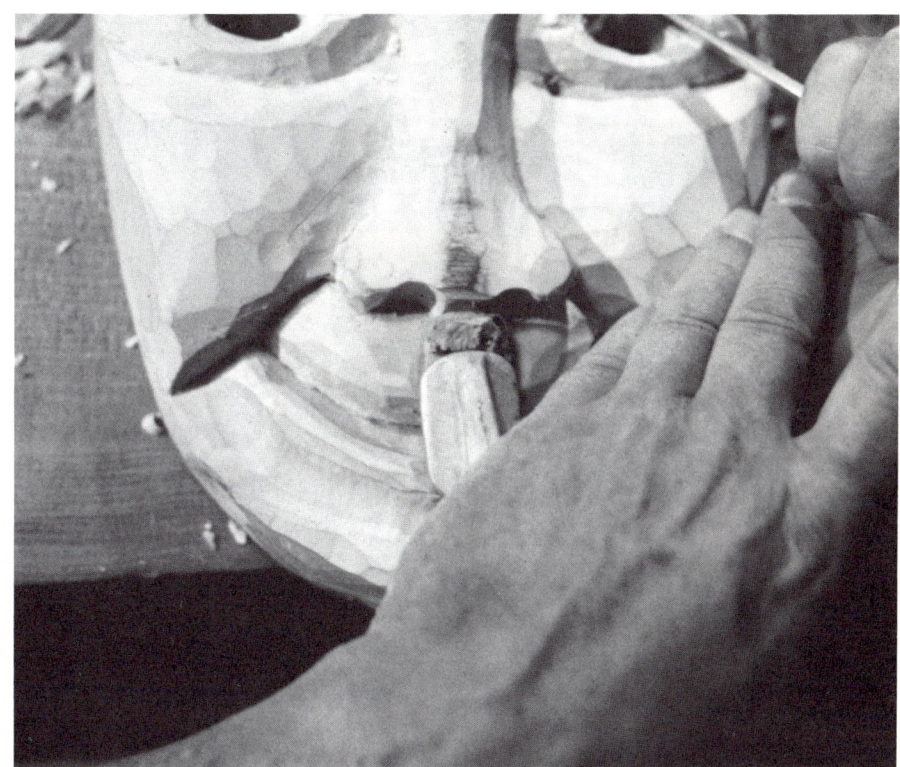

◄ Tafel Zum Anmalen können Lacke ebenso verwendet werden wie wasserlösliche Farben. Bei Kasperleköpfen sollte man einen Anstrich wählen, der sich leicht ausbessern läßt.

Handpuppenköpfe und Kasperlefiguren

Zeichnen Sie einen Entwurf des Kopfes im Profil auf Papier. Aber achten Sie beim Entwurf darauf, daß der Charakter der Theaterpuppe bis zum letzten Zuschauer hin erkennbar sein soll. Das bedeutet klare Formen und wenig Details, die das Wesentliche der Figur unterstützen und Sie sich bei der Arbeit nicht in schnitztechnischen Varianten verlieren. Dann übertragen Sie die Zeichnung auf einen entsprechend zugerichteten Holzklotz.

Nach dem Aussägen zeichnen Sie die Modellierungsschnitte ein. In die rohe Profilform skizzieren Sie dann die Vorder- und Rückansicht und schließlich die Draufsicht, die Sie dann mit Hilfslinien verbinden.

◄ **34** Die auf Papier entwickelte Seitenansicht des Kopfes wird ausgeschnitten und auf einen entsprechenden Holzklotz übertragen.

Mehr an Entwurfsarbeit ist nicht notwendig, denn Handpuppenköpfe sollen ja keine realistischen Portraits sein, sondern das besondere Wesensmerkmal der geplanten Typen in übersteigerter Form anschaulich und klar hervortreten lassen. Alle charakteristischen beziehungsweise markanten Details stechen Sie mit dem Hohleisen aus oder modellieren sie mit dem Schnitzmesser.

Aus einfachen Klötzen lassen sich sehr wirkungsvolle und witzige Köpfe herstellen. Sie brauchen dazu nur die Kanten der Klötze leicht mit dem Schnitzmesser zu runden. Die plastische, lustige Kopfform bekommt das runde oder eiförmige Klötzchen durch das Ansetzen von Nase und Ohren aus Leisten, an die Sie kleine Dübelenden schnitzen, dann Löcher in das Klötzchen bohren, das Ganze mit Leim bestreichen und zusammensetzen.

▶ **35** Das überflüssige Material nehmen Sie mit der Säge weg. Spannen Sie einige Abfallbrettchen zwischen Holzklotz und Arbeitsplatte mit ein, damit die Arbeitsplatte heil bleibt.

◄ 36 Auf die grobe Form werden die Striche eingezeichnet, an denen entlang Sie sich mit der Säge weiter in die Form hineinarbeiten.

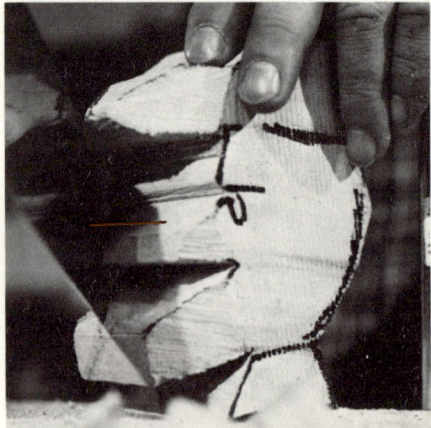

▲ 37 Mit der Säge wird überall da vorgeformt, wo die Arbeit mit den Schnitzeisen zu mühsam und uneffektiv ist.

▲ **38** Die harten Sägekanten werden mit den Schnitzeisen gebrochen.

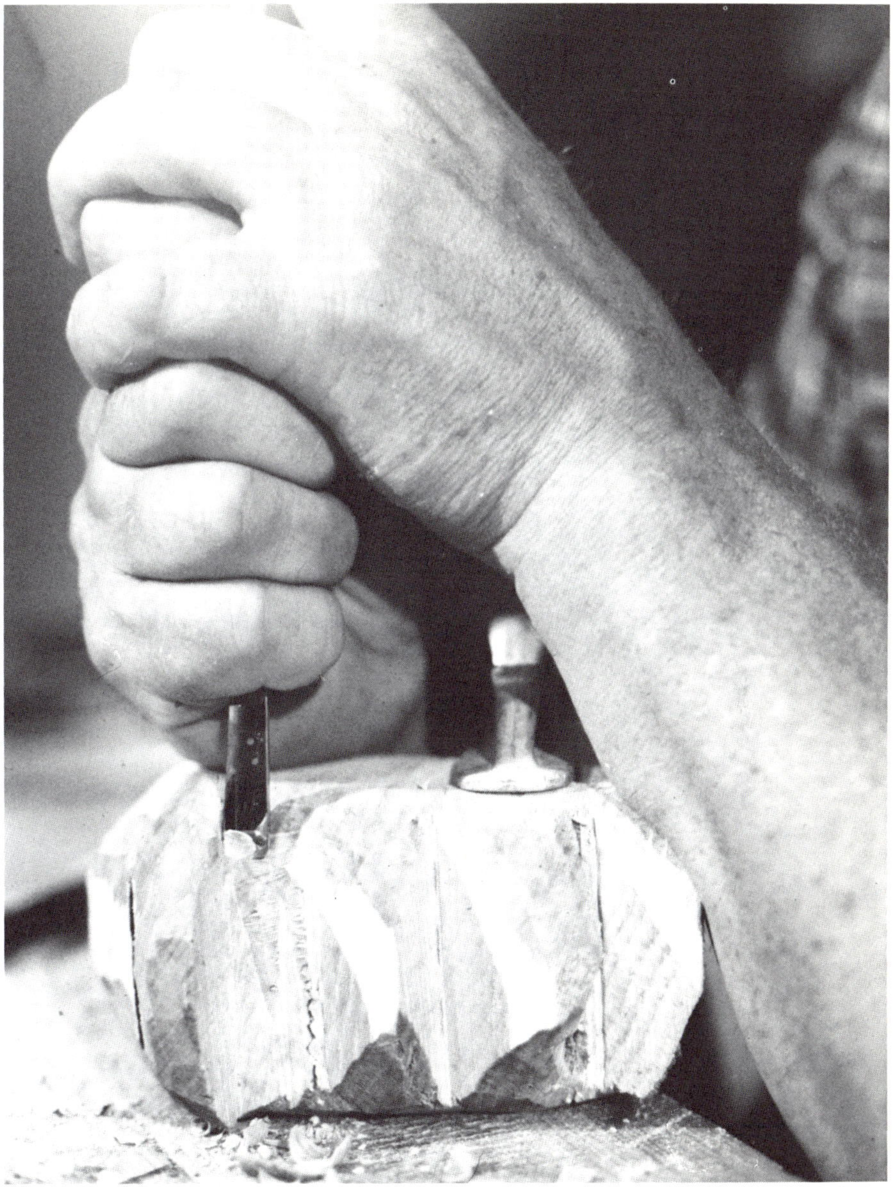

▶ **39** Modellierende Schnitte an der grob zugerichteten Form werden (je nach Gestaltungsabsicht) mit dem Hohleisen vorgenommen. Die Eisengröße (Breite der Schneide) richtet sich nach der jeweiligen Besonderheit der Ausformung.

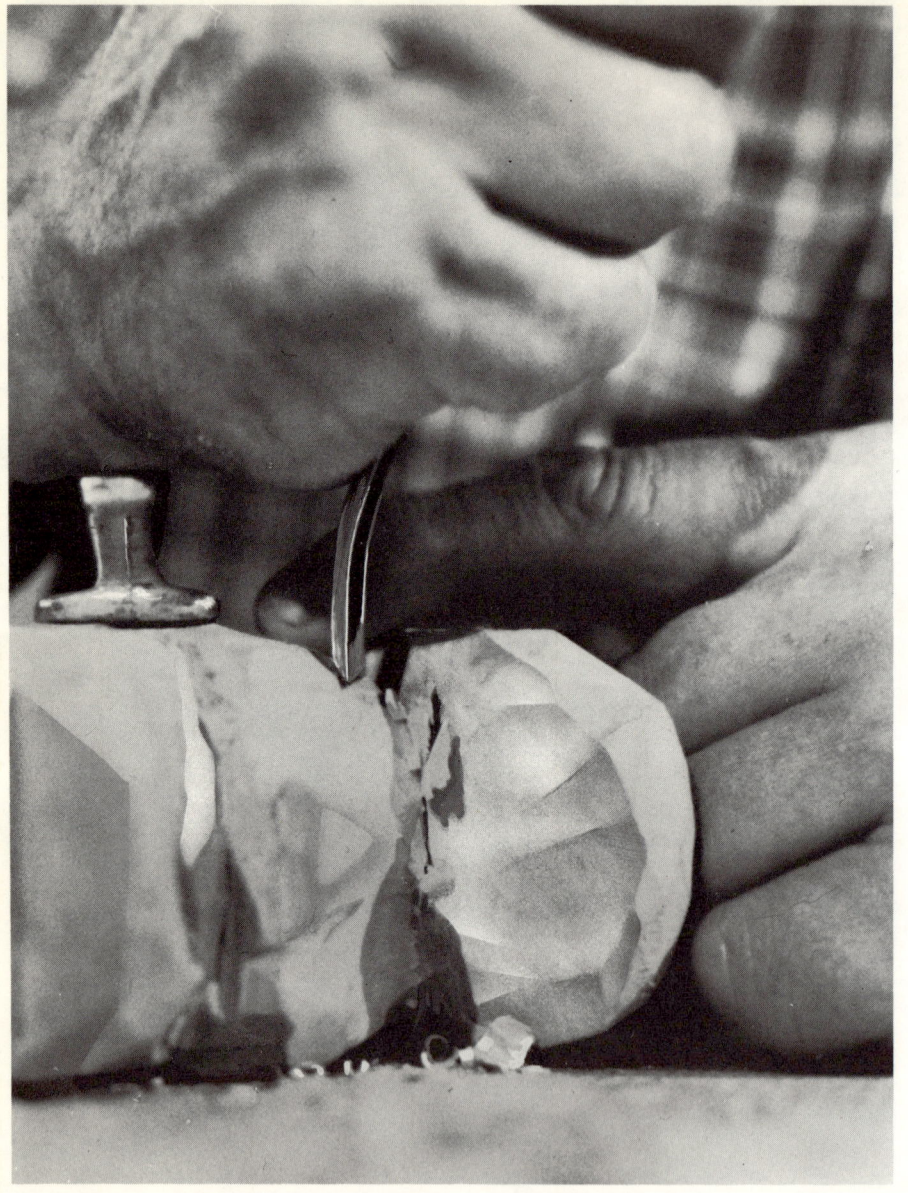

Handpuppenköpfe dieser Art wirken selbstverständlich besonders durch lustiges Bemalen. Höhlen Sie den Kopf so tief wie möglich aus, er wird dadurch leichter. Der aus einem Stück geschnitzte Kopf verlangt einiges Geschick und Sie sollten, wenn möglich, das Holz aus dem Sektor eines Stammstückes verwenden und es sich in der Holzhandlung wie ein Stück Kuchen zurechtschneiden lassen. Wenn die Figur mit den Fingern gespielt werden soll, müssen Sie ein Fingerloch mit entsprechendem Durchmesser in den Hals bohren.

Einige Klischees für Puppenköpfe sollten Sie sich einprägen: Kluge Menschen haben vermeintlich immer eine senkrechte, wohlgeformte Stirn, eine gerade geschnittene Nase und ein markant gezeichnetes Kinn. Die fliehende Stirn und ein zurückweichendes Kinn wird als Zeichen von Dummheit gedeutet. Gemütliche Menschen werden pausbäckig dargestellt. Ein fröhliches Gesicht erreicht man durch hochgeschnittene Mundwinkel und runde Wangen. Böse Typen haben ein spitzes Kinn, Schlitzaugen und hochgeschwungene Augenbrauen. Mißmut und Traurigkeit erreichen Sie durch herabhängende Augenbrauen und Mundwinkel.

◄ **40** Je weiter man in die endgültige Form eindringt, um so gezielter muß ausgestochen werden. Jedes Zuvielwegnehmen schränkt die Möglichkeit zur Ausformung zusätzlicher Details ein.

▶ **41** Zum letzten feinen Ausarbeiten nimmt man den Schnitztisch zu Hilfe. Das Brett wird mit den beiden Zwingen auf der Arbeitsplatte befestigt.

▲ **43** In das Werkstück wird eine soge-nannte Figurenschraube gedreht.

▶ **42** Das Klötzchen, mit dem das Werkstück befestigt wird, kann flach oder hochkant auf das Tischchen geschraubt werden.

▼ 44 Das Schraubenloch muß tief genug vorgebohrt werden, damit das Werkstück beim Schnitzen nicht federt.

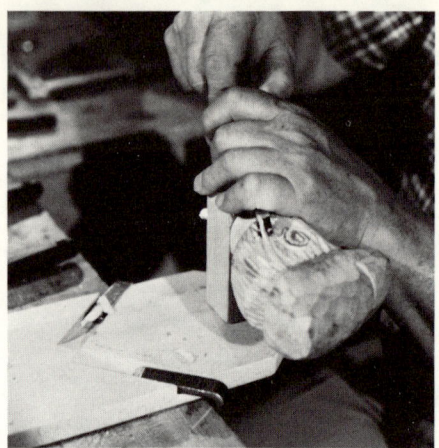

◀ 42a Das Klötzchen, mit dem das Werkstück befestigt wird, kann zum Bemalen flach auf das Tischchen mit einer Schraubzwinge befestigt werden.

Figurenschnitzen

Die plastische Gestaltung beginnt mit der Anlage des Vorhabens, bei der Sie zunächst nur die grobe Form ausstechen. Kleinigkeiten wie Nase, Augen, Falten eines Gewandes oder gar die Finger einer Hand sind zunächst Nebensache. Grob vorgeschnitten werden erst nur die wirklich formbildenden Elemente. Stand- und Bewegungslinie einer Figur sind dabei die Hauptsache und müssen vorher genauestens festgelegt werden. Als Gedächtnisstütze für Ihr plastisches Vorhaben können Sie sich zunächst ein Modell aus Wachs oder Knetmasse herstellen. Mit dem weichen Material variieren Sie dann Bewegung und Körperhaltung so lange, bis Sie Ihre Vorstellung erreicht haben und zufrieden sind. Von diesem Modell ausgehend, übertragen Sie die Umrißlinien der Figur mit Bleistift auf die Holzoberfläche und stechen dann mit einem starken Hohleisen alles überflüssige Material nach außen von sich weg aus der Form ab. Konzentrieren Sie sich auf den gesamtplastischen Eindruck, den die Skulptur bekommen soll

▶ **45** Es ist eine Frage der künstlerischen Empfindsamkeit, wie weit naturalistische Details in eine Plastik eingearbeitet werden. Eine bewegte Maserung gibt einer Skulptur oft eine lebendige Plastizität. Kontrollieren Sie ständig den Gesamteindruck!

und kontrollieren Sie auch immer wieder ihre Wirkung von allen Seiten. Arbeiten Sie sich nicht zu schnell in die Figur hinein und schneiden Sie tieferliegende Stellen mit dem Hohleisen nur schwach aus. Es kann nützlich sein, auch das Wachsmodell immer dem neuesten Stand der Schnitzerei anzupassen, oder die entstehende Holzplastik aus dem weichen Material in verschiedenen Phasen vorzuformen. Achten Sie schon am Anfang darauf, daß Sie nicht zu viel Holz wegschnitzen, sonst bleibt Ihnen zum feineren Ausarbeiten nichts mehr übrig. Liegen alle groben Bildteile und die gewünschte Bewegung fest, arbeiten Sie die hinteren zurückliegenden Bildelemente in die Tiefe der Plastik hinein. Gehen Sie beim Feinschnitzen vor wie bei der groben Anlage. Nehmen Sie auch hier zuerst das Gröbste weg. Treiben Sie die Feinarbeit jedoch nicht so weit, daß auch die letzten Schnitzspuren verschwinden. Daß das Holz geschnitzt wurde, sollte immer zu sehen sein.

◄ **46** Der Entwurf wird auf das Holzstück übertragen, entweder von einer Schablone oder gleich aus der Hand nach Vorstellung. Zum Skizzieren des Modells benutzt man Pergamentpapier. Durch Übereinanderlegen lassen sich ständig Veränderungen (Vereinfachungen) anbringen. Die letzte exakte Zeichnung dient dann als Pause für den Holzklotz oder die Pappschablone. Mit der Pappschablone erleichtert man sich die Anlage einer Figurenserie (Bauern eines Schachspiels).

▶ 47 Die grobe Form wird ausgesägt, die körperformenden Linien mit dem Bleistift eingezeichnet.

Eine Vollplastik kann sowohl aus verleimten Stücken wie auch aus einem halbierten oder ganzen Stammstück geschnitzt werden.

Das Holzstückeverleimen ist mit Sicherheit die schnellste Art, um an ausreichend durchgetrocknetes Holz in brauchbarer Stärke zu kommen.

Welche Holzart Sie verwenden wollen, hängt natürlich vom jeweiligen Zweck der Arbeit ab. Stammholz kann der Holzhändler besorgen, starke Lindenholzbohlen zum Verleimen bekommen Sie in jeder Hobbyhandlung. Es ist klar, daß das runde Stammstück sich besser für vollplastisches Arbeiten eignet als die flächigen Blöcke. Das Anfügen hat eigentlich nur dann Vorteile, wenn Teile einer Figur vorstehen sollen. Größere Plastiken müssen auf jeden Fall, bevor Sie mit der eigentlichen Schnitzarbeit beginnen, ausgehöhlt werden. Das gilt für alle Plastiken aus dem Block. Höhlen Sie sie von der Rückseite

▶ 48 Kleine Figuren formt man mit dem Schnitzmesser ohne Einspannvorrichtung frei aus der Hand.

her aus. Mit dem Aushöhlen bewirken Sie außerdem, daß sich das Holz beim Trocknen nicht sprengt.

Das Faltenschnitzen an Figuren ist eine besondere Spezialität. Eine einfache Kerbe macht schon auf der Oberfläche einer Figur eine Falte aus. Ob sie jedoch zu einem echten Eindruck eines Faltenwurfs wird, ist eine Sache der weiteren Ausarbeitung. Studieren Sie auf Zeichnungen und Skulpturen die Faltenwürfe genau. Das Faltenbild setzt sich aus vielen verschiedenen Schnittflächen und Schnittkanten zusammen. Egal, ob schlicht oder kompliziert, sie bilden ein wichtiges Gestaltungsmittel. Trainieren Sie das Faltenschnitzen mit einigen kleinen Brettchen und mit verschiedenen Eisen. Schnitzen Sie zuerst feine Kerben ein und lassen Sie die Werkzeuge leicht durch das Holz gehen. Nehmen Sie dabei nur soviel Holz weg, wie Sie ohne große Mühe abtragen können. Anschließend graben Sie dann die Schnitte tiefer ein. Folgen Sie der Schnittspur und versuchen Sie gleichlaufende Schnitte parallel zu schneiden; als nächstes ebenfalls gleichlaufende mit verschiedenen Längen und daraus sich abzweigenden Kerben. Verteilen Sie die Linien wie echte Falten auf dem flächigen Holz.

◄ **49** und **50** Größere Werkstücke werden in wechselnder Schneiderichtung festgespannt. Die Werkzeuge dürfen nie gegen die Faser geführt werden.

► Tafel Aus Rundhölzern vom Meter wurde mit Säge, Schnitzmesser und Plakafarben eine standfeste Schachfigurengruppe.

Eine lebendige Schnittvariante ist die sich brechende Linie. Wenn Sie ausreichend Erfahrung haben im Kombinieren von Faltenschnitten, üben Sie die Varianten an einer glatt vorgeformten Plastik. Legen Sie die Falten aber nicht zu fein an. Alles Pingelige wirkt letztendlich ungekonnt und unbefriedigend. Die Falten-Schnittvarianten sollten mit allen Eisen geübt werden, damit Sie Falten- und Eisencharakter gezielt einsetzen können.

► **51** Rumpf, Kopf, Beine haben übereinstimmend einfache Formen. Komplizierte Einzelheiten und eine schwierige Bewegungslinie sind bei dieser Plastik vermieden worden.

◄ Tafel Herstellungsphasen einer Vollplastik. Bei diesem Beispiel sind die Arme der Figur allerdings angesetzt.

◄ 52 Die Arme sind angesetzt, stimmen jedoch mit dem Stil überein. Dadurch entsteht ein ausgewogenes Gesamtbild.

▲ **53** Das Gesicht ist mit wenigen Hohleisenschnitten überzeugend ausmodelliert.

▶ **54** Je weiter eine Figur ausgeschnitzt werden soll, desto schwieriger wird es, den Stil beizubehalten. Das Ausstechen anatomisch und plastisch „richtiger" Details kann im Gesamten unecht und kitschig wirken. Legen Sie beim Modellieren einer Vollplastik nach jedem Arbeitsgang eine „künstlerische Pause" ein.

Oberflächenbearbeitung

Eine Schnitzerei muß mit einem schützenden Deckanstrich überzogen werden, denn die Holzoberfläche ist porös und nimmt Staub, Fett und Fingerspuren sofort an. Das macht den Gegenstand, besonders wenn er aus hellem Holz ist, fleckig und häßlich.

Der Deckanstrich hat noch die zusätzliche Funktion, das Holz widerstandsfähig zu machen gegen andere schädliche Einwirkungen, wie Feuchtigkeit, Abrieb oder Verkratzen.
Die unterschiedlichen Möglichkeiten, eine Holzoberfläche zu behandeln, verändern

selbstverständlich auch den optischen Gesamteindruck des Gegenstandes, denn jede für sich wirkt anders auf die Holzoberfläche ein. Insgesamt heben natürlich die Veredelungsverfahren die Holzstruktur besonders hervor. Mit einer einfachen Wachsbehandlung bekommt das Holz einen warmen Ton, bleibt aber empfindlich gegen Kratzer. Mattierungen reflektieren das Licht stark, bekommen allerdings nie die intensive Tiefenwirkung des Beizens. Mit heißem Leinöl getränkt kann das Holz stumpf und leblos wirken. Es ist einerseits eine Frage Ihres ganz persönlichen Empfindens, zu welcher Oberflächenbehandlung Sie tendieren. Der künstliche Überzug soll beides: schützen und die Schönheit des Holzes unterstreichen! Für jegliche Oberflächenbehandlung gilt, daß das Holz einwandfrei vorbearbeitet werden muß.

◄ 1 Mit Schleifpapieren kann man eine Holzoberfläche säubern und glätten. Der Feinheitsgrad der Papiere ist in Nummern angegeben. Schleifen Sie nie gegen die Faser, damit macht man das Werkstück wieder rauh.

Glätten und Säubern

Die wichtigste Vorbereitung besteht im Schleifen, Säubern und Wässern des Holzes. Für das Glätten einer Schnitzerei brauchen Sie, je nach Größe und Umfang der Arbeit ausreichend Sandpapier. Legen Sie sich einen Vorrat mit den unterschiedlichen Körnungen zu. Schleifpapier besteht aus einer festen Unterlage von Papier oder Leinwand, auf der sich die Schleifschicht befindet. Die Schichten können aus Glas-, Korund-, Silizium- oder Flintkörnern bestehen. Da die Unterlage imprägniert ist, kann sie zum Naß- und zum Trockenschleifen gebraucht werden. Werfen Sie einmal benutzte Bogen nicht gleich weg, denn besonders die feinen Papiere sind nach mehrmaligem Gebrauch nicht mehr so aggressiv, weil sie sich entweder stark mit Rückständen zugesetzt haben oder die losen Schleifteilchen bereits verloren haben. Die Papiere schleifen zwar noch und nehmen Substanz weg, geben aber keinen Dreck mehr in die Holzoberfläche ab.

Besonders wenn Sie mit grobem Papier vorschleifen, müssen Sie den Faserverlauf beachten. Gegen die Faser geschliffen wird die Oberfläche nie richtig glatt, denn Sie richten beim Schleifen die Faser immer wieder auf. Nach dem Schleifen sollten Sie das Werkstück mit einer harten Borstenbürste putzen, damit auch das

▶ **2** Hohlformen müssen besonders gründlich mit Schleifpapieren gesäubert und ausgeschliffen werden.

Warmwasserbehandlung läßt die durch das Schleifen in das Holz gedrückten Teilchen herausquellen. Waschen Sie also die Schnitzerei mit einem Schwamm und reichlich warmem Wasser über einer Schüssel mehrmals ab. Schon beim erstenmal merken Sie, wie die Oberfläche wieder rauh wird. Das liegt am Schmutz, aber auch an den Fasern, die sich beim Wässern wieder aufrichten. Lassen Sie das Holz restlos abtrocknen, aber stellen Sie es nicht auf die Heizung. Nach 24 Stunden wiederholen Sie die Prozedur noch einmal. Nach einem erneuten, letzten Feinschliff wird der Schleifstaub sorgfältig abgekehrt. Jetzt wäre das Werk bereit für einen Überzug.

Wachsen

Das Wachsen einer Holzoberfläche ist nur dann angebracht, wenn der Gegenstand nicht ständig in Gebrauch genommen wird. Denn der Wachsüberzug schützt die Holzoberfläche kaum und zieht außerdem den Schmutz geradezu an. Im Laufe der Zeit dunkelt das eingewachste Holz stark und verliert dadurch seinen ursprünglichen Charakter.
Das Wachs wird mit einem weichen Trikotlappen in die staubfrei vorbereitete Oberfläche eingerieben. Dazu können Sie Bienen- oder Bohnerwachs benutzen. Nach dem satten Einreiben bürsten Sie das Holz mit einer normalen, aber neuen Schuhputzbürste auf Hochglanz. Ersatz für helles Bohnerwachs ist weiße oder farblose Schuhcreme. Es riecht nur ständig danach.

▲ 3 Nehmen Sie immer den passenden Pinsel, für kleine Flächen schmale und für große Flächen breite. Entfernen Sie vor jeder Arbeit die lockeren Haare oder Borsten.

Nach der Bearbeitung mit den Sandpapieren und der Bürste ist das Holz zwar glatt, aber nicht porentief sauber, denn in der Oberfläche sitzen jetzt feinste Holzstäubchen, aber auch Sandpapierreste. Eine letzte Stäubchen aus den Poren entfernt wird. Kitt- oder Leimreste werden nicht weggeschliffen, sondern mit dem Messer weggeschabt.

Einölen

Leinöl, auf Holz aufgetragen, braucht eine ziemlich lange Trockenzeit. Besonders auf weichem Holz macht sich ein Leinölauftrag. Er gibt sogar den billigen einheimischen Hölzern einen exotischen Charakter.

Das Leinöl wird heiß mit einem weichen Wollappen aufgetragen. Unter Zusatz von Trockenmitteln läßt sich die Trockenzeit bis auf 24 Stunden verkürzen. Lassen Sie das Leinöl nach dem Gebrauch nicht offen herumstehen, damit es nicht eindickt.

Lackieren

Holzgegenstände mit geputzter und gewässerter Oberfläche kann man auch mit Nitrozellulose-Überzugslack veredeln. Er trocknet schnell und gibt dem Holz einen langanhaltenden Schutz. Streichen Sie den Lack mit einem breiten Haarpinsel zügig in immer der gleichen Richtung auf. Neue Pinsel sollten, bevor man sie benutzt, in lauem Seifenwasser hin- und hergeschwenkt und dann klar ausgespült werden. Lose Borsten werden ausgezupft.

▶ 4 Beizen verändert nicht nur die Struktur der Holzoberfläche. Es verändert vor allem auf eine nicht mehr korrigierbare Weise seine Farbe. Bestimmen Sie also rechtzeitig vorher den jeweiligen Farbton.

Mit neuen Pinseln trägt man zunächst nur Einlaßgrund auf, bis sie eingearbeitet sind. Danach eignen sie sich auch für feinere Arbeiten.

Vor dem Lackauftrag muß das Holz allerdings grundiert werden. Nach dem endgültigen Abhärten der Grundierung kann mit feinem Sandpapier noch einmal durchgeschliffen werden.

Danach wird die Form gesäubert und der Lack aufgetragen. Weiche Hölzer saugen stark und sollten nach einer Stunde Trockenzeit noch einmal gestrichen werden. Mit Zelluloselacken muß man zügig arbeiten, denn die Lösungsmittel in den Lackschichten verdunsten nach dem Aufstreichen schnell.

Farbengeschäfte und Hobbyläden halten eine reiche Auswahl aller möglichen Farben und Lacke bereit. Sie können natürlich auch Auskunft über die richtige Anwendung geben. Ebenso über die fachgerechte Verwendung von Grundierungen.

Färben

Gegenstände des täglichen Gebrauchs zu beizen hat den Vorteil, daß die Farbe bei der Benutzung nicht verkratzt, abgeschabt oder abgestoßen werden kann. Beizen werden in den üblichen Holzfarben, aber auch in bunten Farbtönen angeboten. Mit ihnen kann man den natürlichen Holzton verfremden.

Die Beize saugt sich während des Auftrags augenblicklich tief in die Holzporen ein, deshalb lassen sich einmal gebeizte Holzflächen nicht mehr korrigieren. Durch Beizen verändert sich auch das Struktur-bild einer Holzfläche. Das weiche Splintholz füllt sich satter mit der Flüssigkeit als die harten Partien des Holzes, dadurch färbt es sich natürlich auch stärker und es kommt zu einer Umgestaltung des gesamten Strukturbildes. Es ist daher verständlich, daß jede Holzart anders auf Beizflüssigkeiten reagiert.

Sie vermeiden ungewollte Effekte, indem Sie eine Probebeizung auf einem Holzstück (oder der Unterseite Ihres Werkstükkes) der gleichen Holzart vornehmen und sie trocknen lassen. Dadurch läßt sich die endgültige Wirkung schon rechtzeitig festlegen. Den gewünschten Beizton können Sie sich im Hobby- oder Farbengeschäft anhand einer Musterkarte aussuchen.

Beizen erfordert Fingerspitzengefühl! Vermeiden Sie vor allem Ansätze und Querstriche. Feuchten Sie die Holzfläche vor dem Beizen mit warmem Wasser an, lassen Sie es einziehen und tragen Sie auf das noch feuchte Holz die Beizflüssigkeit mit einem Schwamm oder einem weichen Flachpinsel satt in Strukturrichtung auf. Überflüssige Beize verteilt man, um Läufe oder Ansätze zu vermeiden, mit dem Schwamm oder durch Absaugen. Lassen Sie sich nicht irritieren, wenn die frisch aufgetragene Beize das Holz dunkler tönt. Sobald es getrocknet ist, sieht alles wieder heller aus. Das gründliche Trocknen dauert etwa 24 Stunden. Lassen Sie die Schnitzerei deshalb lange genug trocknen, bevor Sie einen Schutzanstrich darüberlegen. Das ist im übrigen zu empfehlen, weil Beize keine eigentliche Schutzfunktion hat.

Danach bürsten oder reiben Sie das Holz mit einem Roßhaarballen kräftig ab, um etwaige Faserreste zu entfernen, die aus dem Holz herausgequollen sind.

Beizen mischt man aus Beizpulver und warmem Wasser. Zum Auflösen von Beizen sollen nur Glas- oder Tongefäße verwendet werden, denn Eisenspuren verfärben die Beizflüssigkeit. Auch die Pinsel, mit denen man Beize aufträgt, dürfen keine Metallringe haben.

Räuchern

Räuchern ist eine Oberflächenbehandlung, die eine ähnlich farbige Strukturveränderung bewirkt wie das Beizen. Sie kann allerdings nur an Hölzern bewerkstelligt werden, die einen natürlichen Gerbsäureanteil in ihrem Gefüge haben. Bei den einheimischen Hölzern kommt da vor allem die Eiche infrage.

In eine kleine Schale gießt man Salmiakgeist und stellt sie zusammen mit der Schnitzerei unter eine luftdichte Holzkiste oder einen Pappkarton. Die Salmiakdämpfe dringen in die Holzmasse ein und verändern seine eigentliche Färbung zusammen mit der im Holz vorhandenen Gerbsäure. Je länger das Holz den Dämpfen ausgesetzt ist, desto intensiver wird die Färbung. Bei diesem Veredelungs- oder Umfärbungsverfahren bleibt die Holzoberfläche glatt und braucht nicht mehr mit Schleifpapier oder Bürste nachbehandelt zu werden. Trotzdem wäre nach der Behandlung ein Schutzüberzug erwägenswert.

▶ 5 Schachfiguren können bunt gebeizt werden.

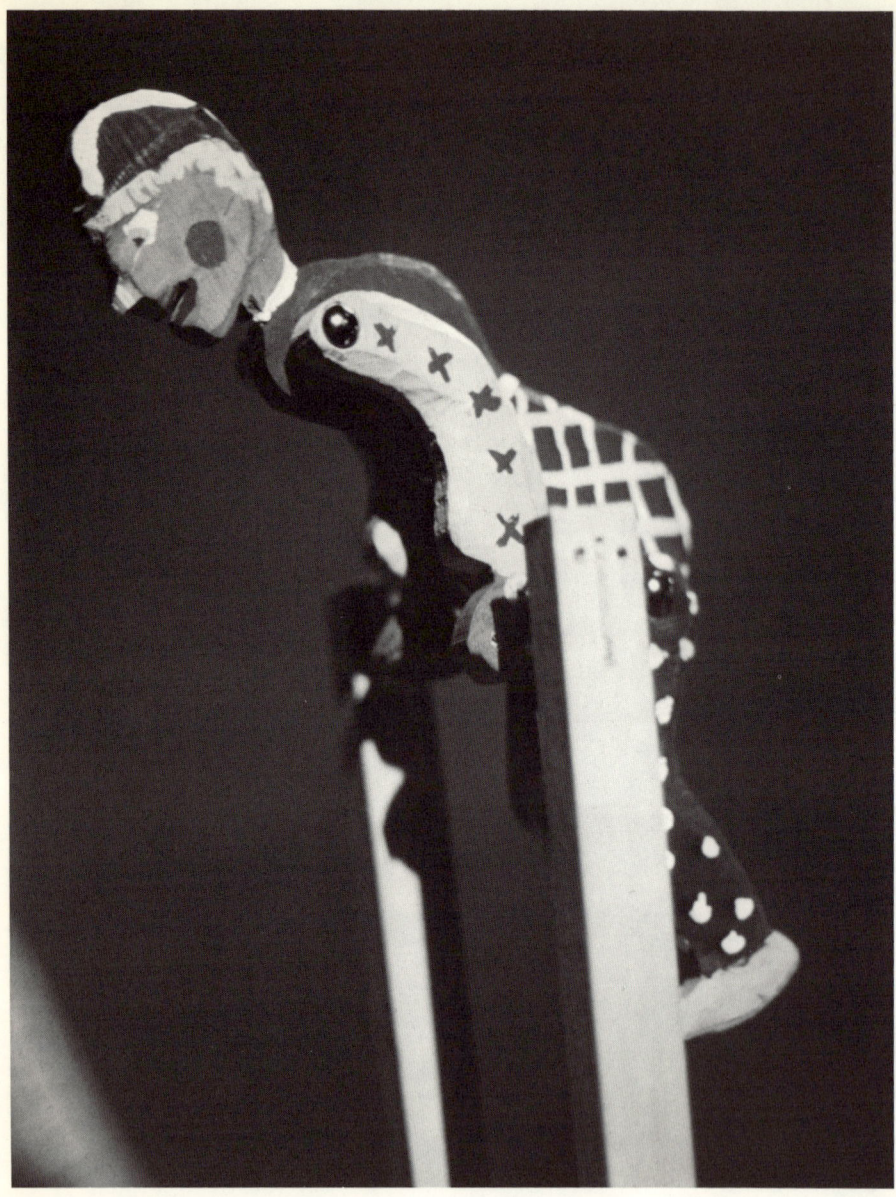

Bemalen

Wie Sie bereits wissen, gibt es eine ganze Reihe Verfahren, eine schöne Holzoberfläche so zu veredeln, daß ihre Struktur noch betont wird. Bei manchen Gegenständen sind aber deckende Anstriche angebrachter. Einmal weil die Holzoberfläche nicht besonders attraktiv ist oder weil man vielleicht Schäden zudecken möchte.

Zum Bemalen einer Schnitzerei ist fast jedes Farbmaterial geeignet. So lassen sich Tempera- und Plakafarben sogar ohne Grundierung sofort mit dem Pinsel auf das Holz auftragen. Benutzen Sie zum Malen die saugfähigen Rotmarderhaar-Pinsel. Wenn ein schön bunt bemalter Gegenstand nach dem Lacküberzug noch nicht farbintensiv genug ist, kann er noch einmal mit Lack behandelt werden.

Bei Aquarellfarben oder Tusche muß vorher ein Grundierungsmittel aufgestrichen werden, das die Zellgänge beziehungsweise Poren im Holz verschließt. Vor dem Auftragen der Farben muß das Grundierungsmittel mindestens drei bis vier Stunden abhärten.

Kleine Unsauberkeiten beim Auftragen können später mit feinem Schleifpapier beigeputzt werden.

Alle wasserlöslichen Farben sollten vorzugsweise nach dem Trocknen mit einem Klarlack überzogen werden. Die Bemalung wird dadurch gegen Schmutz und Staub versiegelt und, was für Kinderspielzeuge besonders wichtig ist, sie ist witterungsbeständig.

◄ **6** Spielzeug darf kontrastreich bemalt werden.

▲ **7** Wenn Sie einen Gegenstand mit Plakafarbe anmalen, sollten Sie ihn hinterher mit einem Klarlack überziehen. Das macht die Farben intensiver und schützt sie vor Abrieb.

◄ **8** Plakafarben werden ohne Grundierung sofort auf das Holz aufgetragen. Sie lassen sich auch leicht ausbessern (falls das Spielzeug beschädigt wird). Zum Anmalen wird das Werkstück noch einmal auf dem Schnitztisch befestigt.

Für jeden etwas...

Praktische Gebrauchsbücher stehen Ihnen, lieber Leser, mit Rat und Information zur Seite, wenn es darum geht, Fragen des täglichen Lebens zu beantworten.

Die hervorragende Sachkenntnis und die verständliche Sprache unserer Fachautoren sind ebenso selbstverständlich wie die sorgfältige Ausstattung unseres großen Buchprogramms. Damit bietet Ihnen der Falken-Verlag Bücher zum Lesen und Nachschlagen, mit denen Sie Ihr Leben aktiv und erfolgreich gestalten können.

FREIZEIT aktiv gestalten MIT FALKEN

Orientteppiche
(Best.-Nr. 5046)　　　　DM 9,80

Kalte und warme Vorspeisen
(Best.-Nr. 5045)　　　　DM 9,80

Raffinierte Steaks
(Best.-Nr. 5043)　　　　DM 9,80

Schwimm mit!
(Best.-Nr. 5040)　　　　DM 9,80

Spanische Küche
(Best.-Nr. 5037)　　　　DM 9,80

Zugeschaut und mitgebaut
(Best.-Nr. 5031)　　　　DM 14,80

Kalte Happen und Partysnacks
(Best.-Nr. 5029)　　　　DM 9,80

Gemüse und Kräuter
(Best.-Nr. 5024)　　　　DM 9,80

Die Selbermachers
(Best.-Nr. 5013)　　　　DM 14,80

Bitte umblättern

Mit Falken sind Sie immer gut beraten.

Das neue Hundebuch
(0009) Von W. Busack, überarbeitet von Dr. med. vet. A. Hacker, 104 S., zahlreiche Abb. auf Kunstdrucktafeln, kart., DM 5,80

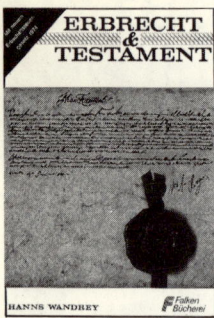

Erbrecht und Testament
mit Erbschaftssteuergesetz 1974
(0046) Von Dr. jur. H. Wandrey, 112 S., kart. DM 6,80

Geschäftliche Briefe des Handwerkers und Kaufmannes
(0041) Von A. Römer, 96 S., kart. DM 5,80

Der neue Briefsteller
(0060) Von I. Wolter-Rosendorf, 112 S., kart., DM 5,80

Fibel für Zuckerkranke
(0110) Von Dr. med. Th. Kantschew, 148 S., Zeichng., Tabellen, kart., DM 6,80

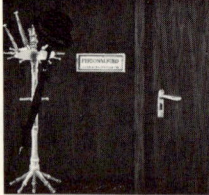

Die erfolgreiche Bewerbung
(0173) Von W. Manekeller, 152 S., kart., DM 8,80

Verse fürs Poesiealbum
(0241) Von Irmgard Wolter, 96 S., 20 Abb., kart., DM 4,80

Heimwerker-Handbuch
Basteln und Bauen mit elektrischen Heimwerkzeugen
(0243) Von Bernd Käsch, 240 S., 229 Fotos und Zeichnungen, kart., DM 9,80

Großes Rätsel-ABC
(0246) Von H. Schiefelbein, 416 S., gbd., DM 16,–

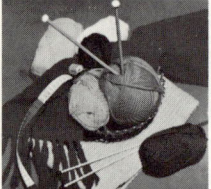

Stricken, häkeln, loopen
(0205) Von Dr. Marianne Stradal, 96 S., 100 Abb., kart., DM 5,80

Karate — ein fernöstlicher Kampfsport Band 1
(0227) Von Albrecht Pflüger, 136 S. mit 195 Fotos und Zeichnungen, kart., DM 9,80

Wie soll es heißen?
(0211) Von Dr. Köhr, 88 S., kart., DM 4,80

Beliebte und neue Kegelspiele
(0271) Von Georg Bocsai, 92 S., 62 Abb., kart., DM 4,80

Vorbereitung auf die Geburt
(0251) Schwangerschaftsgymnastik, Atmung, Rückbildungsgymnastik. Von Sabine Buchholz, 112 S., 98 Fotos, kart., DM 6,80

Flugmodelle
bauen und einfliegen
(0361) Von Werner Thies und Willi Rolf, 160 S., 83 Abbildungen und 7 Faltpläne, kart., DM 9,80

Glückwünsche, Toasts und Festreden zur Hochzeit
(0264) Von Irmgard Wolter, 88 S., kart., DM 4,80

Tauchen
Grundlagen — Training – Praxis
(0267) Von W. Freihen, 144 S., 71 Fotos und Farbtafeln, DM 9,80

Ostfriesenwitze
(0286) Band II: Enno van Rentjeborgh, 80 S., 10 Karikaturen, kart., DM 3,-

Selbst tapezieren und streichen
(0289) Von Dieter Heitmann und Jürgen Geithmann, 96 S., 49 Fotos, kart., DM 5,80

Ikebana Band 1: Moribana — Schalenarrangements
(0300) Von Gabriele Vocke, 164 S., 40 großformatige Vierfarbtafeln, 66 Schwarzweißfotos und Graphiken, gbd., DM 19,80

Kung-Fu II
Theorie und Praxis klassischer und moderner Stile
(0376) Von Manfred Pabst. 160 S., 330 Abb., kart., DM 12,80

Münzen
Ein Brevier für Sammler
(0353) Von Erhard Dehnke, 128 S., 30 Abbildungen – teils farbig –, kart., DM 6,80

Pilze erkennen und benennen
(0380) Von J. Raithelhuber. 136 S., 106 Farbfotos, kart., DM 7,80

Ziervögel in Haus und Voliere
Arten · Verhalten · Pflege
(0377) Von Horst Bielfeld, 144 S.,
32 Farbfotos, kart., DM 9,80

Beeren und Waldfrüchte
erkennen und benennen –
eßbar oder giftig?
(0401) Von Jörg Raithelhuber, 136 S.,
90 Farbfotos, 40 s/w, kart., DM 9,80

Tee für Genießer
(0356) Von Marianne Nicolin,
64 Seiten, 4 Farbtafeln, kart., DM 5,80

Fred Metzlers Witze mit Pfiff
(0368) 120 S., Taschenbuchformat,
kart., DM 6,80

Selbst Brotbacken
mit über 50 erprobten Rezepten
(0370) Von Jens Schiermann, 80 S.,
mit 6 Zeichnungen und 4 Farbtafeln,
kart., DM 6,80

Kalorien · Joule
Eiweiß · Fett · Kohlehydrate
tabellarisch nach gebräuchlichen
Mengen
(0374) Von Marianne Bormio, 88 S.,
kart., DM 4,80

Flugzeuge
von den Anfängen bis zum 1. Weltkrieg
(0391) Von Enzo Angelucci,
deutsch von E. Schartz, 320 S., mit
mehreren hundert Abb., meist vierfarbig, gbd., DM 19,80

**Von der Verlobung
zur Goldenen Hochzeit**
Vorbereitung – Festgestaltung –
Glückwünsche
(0393) Von Elisabeth Ruge, 120 S.,
kart., DM 6,80

Die 12 Sternzeichen
Charakter, Liebe und Schicksal
(0385) Von Georg Haddenbach,
160 S., gbd., DM 9,80

**Möbel aufarbeiten, reparieren
und pflegen**
(0386) Von E. Schnaus-Lorey,
96 S., 104 Fotos und Zeichnungen,
kart., DM 6,80

Selbst Wahrsagen mit Karten
Die Zukunft in Liebe, Beruf und
Finanzen
(0404) Von Rhea Koch, 112 S., mit
vielen Abb., Pbd., DM 9,80

Einkochen
nach allen Regeln der Kunst
(0405) Von Birgit Müller, 96 S.,
8 Farbt., kart., DM 7,80

Häschen-Witze
(0410) Gesammelt von Sigrid Utner,
80 S., mit 16 Zeichnungen, vierfarbiger
Schutzumschlag, brosch., DM 3,–

Spielend Schach lernen
(2002) Von Theo Schuster, 128 S.,
kart., DM 6,80

Spiele für Kleinkinder
(2011) Von Dieter Kellermann. 80 S.,
kart., DM 5,80

Knobeleien und Denksport
(2019) Von Klas Rechberger, 142 S.,
mit vielen Zeichnungen, kart., DM 7,80

Lirum, larum, Löffelstiel
(5007) Von Ingeborg Becker, 64 S.,
durchgehend vierfarbige Abbildungen
Spiralheftung, DM 7,80

Zimmerpflanzen
(5010) Von Inge Manz, 64 S.,
98 Farbabbildungen, Pbd., DM 9,80

Reiten
Vom ersten Schritt zum Reiterglück
(5033) Von Herta F. Kraupa-Tuskany,
64 S., mit vielen Zeichnungen und
Farbabb., Pbd., DM 9,80

**Die Selbermachers renovieren
ihre Wohnung**
(5013) Von Wilfried Köhnemann,
148 S., 374 Farbabb., Zeichnungen
und Fotos, kart., DM 14,80

Desserts
(5020) Von Margit Gutta, 64 Seiten mit
38 Abbildungen, durchgehend vierfarbig, Pbd., DM 9,80

Bauernmalerei
leicht gemacht
(5039) Von Senta Ramos, 64 S.,
78 vierfarbige Abb., Pbd., DM 9,80

Großes Getränkebuch
Wein · Sekt · Bier und Spirituosen
aus aller Welt, pur und gemixt
(4039) Von Claus Arius, 288 S., mit
Register, 179 teils großformatige
Farbfotos, Balacron mit farbigem
celloph. Schutzumschlag, Schuber,
DM 58,–

Moderne Fotopraxis
Bildgestaltung · Aufnahmepraxis ·
Kameratechnik · Fotolexikon
(4030) Von Wolfgang Freihen, 304 S.,
mit 244 Abbildungen, davon 50 vierfarbig, Balacron mit vierfarbigem
Schutzumschlag, abwaschbare Polyleinprägung, DM 29,80

Wir spielen
Hundert Spiele für einen und viele
(4034) Von Heinz Görz, 430 S., mit
370 farbigen Zeichnungen, gbd.,
DM 26,–

Moderne Schmalfilmpraxis
Ausrüstungen · Drehbuch · Aufnahme
Schnitt · Vertonung
(4043) Von Uwe Ney, 328 S., mit über
200 Abbildungen, teils vierfarbig,
Balacron mit vierfarbigem Schutzumschlag, DM 29,80

Kampfsport Fernost
Kung-Fu · Judo · Karate · Kendo ·
Aikido
(4108) Von Jim Wilson, dt. von
H.-J. Hesse, 88 S., mit 164 farbigen
Abb., Pbd., DM 22,–

Balkons in Blütenpracht
zu allen Jahreszeiten
(5047) Von Nikolaus Uhl, 64 S.,
82 vierfarbige Abb., Pbd., DM 9,80

Natursammlers Kochbuch
Wildfrüchte und –gemüse, Pilze und
Kräuter — finden und zubereiten
(4040) Von Christa-Maria Kerler,
140 S., 12 Farbtafeln, Pbd., mit vierfarbigem Überzug, DM 19,80

Die hier vorgestellten
Bücher sind nur eine
Auswahl aus unserem großen
Ratgeber- und Sachbuch-
programm.
Erbitten Sie unser kosten-
loses Gesamtverzeichnis.

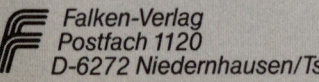

Falken-Verlag
Postfach 1120
D-6272 Niedernhausen/Ts.

Moderne Korrespondenz
(4014) Von H. Kirst und W. Manekeller,
570 S., gbd., DM 39,–

Der praktische Hausarzt
(4011) Unter Mitarbeit zahlreicher
Fachärzte, koordiniert von
Dr. Eric Weiser
718 Seiten, 487 Abb., und 16 Farbtafeln, nur DM 19,80

Max Inzingers 111 beste Rezepte
(4041) Von Max Inzinger, 124 Seiten,
m. 35 Farbtafeln, kartoniert, DM 19,80
(4042) **gebundene** Luxusausgabe
DM 26,–

Judo — Grundlagen — Methodik
(0305) Von Mahito Ohgo, 204 S. mit
1025 Fotos, kart., DM 14,80

Sportfischen
Fische – Geräte – Technik
(0324) Von Helmut Oppel, 144 S. mit
49 Fotos, Abbildungen und 8 Farbtafeln, kart., DM 8,80

Katzen
Rassen · Aufzucht · Pflege
(4109) Von Grace Pond und Elizabeth
Towe, deutsch von D. von Buggen-
hagen, 144 S., mit über 100 Farbfotos,
Pbd., DM 16,80

Das Aquarium
Einrichtung, Pflege und Fische für
Süß- und Meerwasser
(4029) Von Hans J. Mayland. 334 S.,
mit über 415 Farbabbildungen und
Farbtafeln sowie 150 Zeichnungen
und Skizzen, Balacron mit vierfarbigem
Schutzumschlag, abwaschbare
Polyleinprägung, DM 36,–

Hunde-Ausbildung
Verhalten – Gehorsam – Abrichtung
(0346) Von Prof. Dr. R. Menzel, 96 S.,
18 Fotos, kart., DM 7,80

Orientteppiche
Herkunft – Knüpfkunst – Echtheits-
bestimmung
(5046) Von Horst Müller, 64 S.,
62 Abb., durchgehend vierfarbig,
Pbd., DM 9,80

Reitpferde
Rassen · Haltung · Reitschule
(4110) Von Pamela McGregor und
Hartley Edwards, deutsch von
E. Schwarz, 144 S., mit über 100 Farb-
fotos, Pbd., DM 16,80

Lebensraum Erde
Menschen, Tiere, Pflanzen im Kampf
ums Überleben
(4111) Von M. Ross-Macdonald und
Robert Allen, deutsche Bearbeitung
u. Ergänzung von M. Geisthardt,
288 S., 250 Farbf., gbd., m. Schutz-
umschl., DM 29,80

Scheidung und Unterhalt
nach dem neuen Eherecht
(0403) Von Rechtsanwalt H. T. Drewes
104 S., mit Kosten- und Unterhalts-
tabellen, kart., DM 7,80

Die neue leckere Diätküche
(5034) Von Ulrike Schubert, 64 S. mit
30 Rezeptfotos, Pbd., DM 9,80

**Die 11 erfolgreichsten
Schlankheitskuren**
(5035) Von Pia Pervensche, 64 S. mit
36 Rezeptfotos, Pbd., DM 9,80